As-C-V-52

BEIHEFTE ZUM TÜBINGER ATLAS
DES VORDEREN ORIENTS

herausgegeben im Auftrag des Sonderforschungsbereichs 19
von Helmut Blume

Reihe A
(Naturwissenschaften)
Nr. 6

Wolfgang Frey

Wald- und Gebüschverbreitung in Nordwest-Ḫorāsān (Nordiran)

WIESBADEN 1980
In Kommission bei
DR. LUDWIG REICHERT VERLAG

Wald- und Gebüschverbreitung in Nordwest-Ḫorāsān (Nordiran)

von

Wolfgang Frey

Geographisches Institut
der Universität Kiel
Neue Universität

WIESBADEN 1980
In Kommission bei
DR. LUDWIG REICHERT VERLAG

CIP-Kurztitelaufnahme der Deutschen Bibliothek

Frey, Wolfgang:
Wald- und Gebüschverbreitung in Nordwest-Ḫorāsān (Nordiran) von Wolfgang Frey. [Diese Arbeit ist im Sonderforschungsbereich 19, Tübingen, entstanden].
  Wiesbaden : Reichert [in Komm.], 1980. (Tübinger Atlas des Vorderen Orients : Beih. : Reihe A, Naturwiss. ; Nr. 6)
ISBN 3-88226-085-8

© 1980 Dr. Ludwig Reichert Verlag Wiesbaden
Diese Arbeit ist im Sonderforschungsbereich 19, Tübingen, entstanden und wurde auf seine Veranlassung unter Verwendung der ihm von der Deutschen Forschungsgemeinschaft zur Verfügung gestellten Mittel gedruckt.
Gesamtherstellung: Hessische Druckerei GmbH, Darmstadt
Printed in Germany

Inhaltsverzeichnis

Verzeichnis der Karten	6
Verzeichnis der Abbildungen	6
Verzeichnis der Tabellen	6
Verzeichnis der Fotos	6
1. Einleitung	9
2. Arbeitsgebiet	11
3. Klimatische Verhältnisse	15
4. Bisher erschienene Arbeiten	24
5. Arbeitstechnik	25
6. Vegetationseinheiten	26
6.1 *Kältekahler Tieflandswald* (Hyrkanischer Tieflandswald)	26
6.2 *Kältekahler montaner Wald* (Hyrkanischer Bergwald)	27
6.3 *Kältekahler Auenwald*	31
6.4 *Kältekahler offener Laubwald des Tieflandes* und *Kältekahler montaner offener Laubwald*	31
6.5 *Kältekahles Gebüsch des Tieflandes und der montanen Stufe*	32
6.6 *Kältekahles Gebüsch der subalpinen Stufe*	33
6.7 *Kältekahl-immergrünes Gebüsch des Tieflandes und der montanen Stufe*	33
6.8 *Kältekahl-immergrünes Gebüsch der subalpinen Stufe*	34
6.9 *Kälteharter immergrüner offener Nadelwald*	34
6.10 *Kältekahle offene Laubwälder ohne Immergrüne, Zwergstrauchreiche Formationen i. e. S.* (Mischformation)	36
6.11 *Xeromorphe offene Zwerggesträuche* und *Xeromorphe offene Zwerggesträuch-Dornpolster-Mischformationen*	37
6.12 *Offene Dornpolsterformationen*	37
7. Vegetationsprofile	39
8. Ostgrenze verschiedener Baum- und Gebüscharten in NW- und N-Ḥorāsān	45
9. Die pflanzengeographische Stellung der Gehölzflora NW-Ḥorāsāns	46
10. Ergänzende Bemerkungen	48
11. Zusammenfassung	50
Summary	53
12. Literatur	56

Verzeichnis der Karten

1 Naturräumliche Gliederung von E-Māzandarān und N-Ḫorāsān ... 12
2 Übersichtskarte von NW- und N-Ḫorāsān 13
3 Karte des Nationalparks 14
4 Florenreiche, Florenregionen und -provinzen in Iran 47
5 Nationalpark. Westlicher Teil. Vegetation .... ⎫
6 NW- und N-Ḫorāsān. Vegetation .... ⎬ im Anhang
7 NW- und N-Ḫorāsān. Topographie .... ⎭

Verzeichnis der Abbildungen

1 Mittlere Jahresniederschläge im südkaspischen Gebiet 16
2 Niederschläge während der Sommermonate (Juni, Juli und August) im südkaspischen Gebiet 17
3 Klimadiagramme der meteorologischen Stationen Gorgān, Šāhpasand, Boǧnūrd, Šīrvān, Esfarāyen und Sabzevār 18
4 Tagesgang von Temperatur, Luftfeuchtigkeit und Bewölkung bei Tangar 22
5 Tagesgang von Temperatur, Luftfeuchtigkeit und Bewölkung bei Mehmānak 29
6 Vegetationsprofil 1 Kūh-e ʿAlūw Bāġ 40
7 Vegetationsprofil 2 Ġouzak 42
8 Vegetationsprofil 3 Boǧnūrd 43

Verzeichnis der Tabellen

1 Klimadaten der Station Dašt vom 23. – 29. 8. 1975 20

Verzeichnis der Fotos

1 *Kältekahler Tieflandswald* bei Tangar 59
2 *Kältekahler montaner Wald* („Nebelwaldstufe") am N-Hang des Kūh-e ʿAlūw Bāġ 59
3 *Kältekahler montaner Wald.* Waldgrenze am S-Hang des Kūh-e ʿAlūw Bāġ 60
4 *Kältekahler montaner Wald.* Waldinseln S von Ġouzak 60
5 Zerstörte Waldinsel an den Berghängen S von Kašānak 61

Verzeichnis der Fotos

6 *Kältekahler montaner offener Laubwald* und *Kältekahles Gebüsch des Tieflandes und der montanen Stufe* E von Tang-e-Ġol 61
7 *Kältekahl-immergrünes Gebüsch des Tieflandes und der montanen Stufe* S von Ǧouzak 62
8 *Kälteharter immergrüner offener Nadelwald* im Kūh-e Kūrḫūd . . 62
9 Kūh-e Kūrḫūd mit Wolkenkappe. An den Berghängen *Juniperus*-Offenwald, im Vordergrund *Xeromorphe offene Zwerggesträuche* . . 63
10 *Crataegus pontica*-Bestände im Regenfeldbaugebiet W von Boǧnūrd . 63
11 *Crataegus pontica*-Bestände zwischen Boǧnūrd und Šīrvān 64
12 *Xeromorphe offene Zwerggesträuche* S von Čaman-e Bīd 64
13 *Offene Dornpolsterformation* im Rešte-ye Allāh-Dāġ S von Ǧouzak . 65
14 Degradierter *Juniperus*-Offenwald mit eingewanderten Dornpolstern S von Rebāṭ-e Qarehbīl 65
15 Satellitenaufnahme von E-Māzandarān und NW-Ḫorāsān 66

1. Einleitung

Das hyrkanische (= kaspische) Waldgebiet, das vom Ṭāleš im Westen entlang der südkaspischen Küstenebene und an den Nordabhängen des Kūhhā-ye Alborz (Elburs-Gebirge) nach Osten zieht, geht östlich von Tangar (an der Straße Gorgān-Boǧnūrd) über *Juniperus*-Offenwälder in die zwergstrauch- und dornpolsterreichen Formationen des Iranischen Hochlandes über. Diese Übergangszone zwischen der Kaukasisch-euxinisch-hyrkanischen Provinz der Eurosibirischen Florenregion und der Irano-afghanischen (und turanischen) Provinz der Irano-turanischen Florenregion der Holarktis (Karte 4) gehört zu den faszinierendsten Landschaften und Vegetationsgebieten von Iran. Hier liegt auch eines der schönsten Naturschutzgebiete Irans, in dem Vegetationseinheiten vom *Kältekahlen Tieflandswald* (Hyrkanischer Tieflandswald) bis zu den *Zwergstrauchreichen Formationen* auftreten.

Durch eine nun über einhundert Jahre andauernde botanische Forschung im südkaspischen Gebiet sind wir über den westlichen und zentralen Teil des Waldgebietes relativ gut unterrichtet. Anders sieht es dagegen mit der Ostgrenze dieses Waldgebietes aus. ZOHARY vermerkt (1973, p. 124): „Its (the Hyrkanian territory) western border is generally drawn alongside the lower current of the Araks river, whereas the eastern one passes somewhere between Gorgan and Bojnurd in Northwestern Khurasan". Die einzigen Arbeiten, die dem Verfasser bekannt wurden und die einige wenige Angaben über die Vegetation dieses Gebietes enthalten, sind BOBEK (1936, 1951), CARTE DE LA VÉGÉTATION etc. (1970), DOROSTKAR (1974), RECHINGER (1951) und TREGUBOV/MOBAYEN (1970). Erste Angaben über die Vegetation des Nationalparks bringen FREY/KÜRSCHNER (1977).

1975 hatte ich die Gelegenheit mich mit den Herren P. BRAIG, R. CARLE und H. KÜRSCHNER etwa vier Wochen in dem Gebiet zwischen Šāhpasand und Šīrvān (E von Boǧnūrd) aufzuhalten. Durch die Unterstützung des Department of the Environment, Teheran, war es möglich, unser Standquartier im Nationalpark einzurichten. Unser Interesse galt der Vegetation dieses Nationalparks und der Verbreitung und floristischen Zusammensetzung der östlichen Ausläufer des hyrkanischen Waldgebietes, der Gebüsche und der *Juniperus*-Offenwälder, die zu den zwergstrauchreichen Formationen des Iranischen Hochlandes überleiten. Aufnahmegebiet war die Region zwischen Tangar (Westgrenze des Nationalparks) und Šīrvān E von Boǧnūrd. Zum anderen beschäftigten wir uns mit der Bryophytenflora und -vegetation dieses Nationalparks (vgl. FREY/KÜRSCHNER 1977). Diese Untersuchungen wurden vom Department of the Environment, Teheran, unterstützt.

Herr BRAIG wertete im Rahmen einer Staatsexamensarbeit einen Teil der hier vorgelegten Beobachtungen aus. Ich möchte ihm an dieser Stelle für den Einsatz bei den oft schwierigen und anstrengenden Geländearbeiten und für die Auswertung danken.

Mein Dank gilt der Deutschen Forschungsgemeinschaft und dem SFB 19 TAVO für die Bereitstellung der Mittel, dem Department of the Environment und Seiner Exzellenz, Herrn E. Firouz, für die finanziellen Mittel und die räumliche Unterbringung im Nationalpark und dem Personal des Nationalparks für die Hilfen bei den Geländebegehungen. Mein Dank gilt weiterhin Herrn Prof. Dr. W. Röllig für sein stetes Verständnis für unsere Belange und nicht zuletzt meinen Reisebegleitern, auf deren Hilfe die Erfolge dieser Reise mit begründet sind.

Die Reise wurde 1975 im Zusammenhang mit der Bearbeitung der Vegetationskarten A VI 10.2 „Mahārlū-Becken bei Šīrāz (Iran). Vegetation" (1 : 100 000) und A VI 10.5 „Elburz (Iran). Ostgrenze des kaspischen Waldgebietes (1 : 100 000)" durchgeführt. Über das Mahārlū-Becken erschien als Beiheft zu dieser Karte CARLE/FREY „Die Vegetation des Mahārlū-Beckens bei Šīrāz (Iran) unter besonderer Berücksichtigung der Vegetation im Bereich der Süß- und Salzwasserquellen am Seeufer". Beihefte zum Tübinger Atlas des Vorderen Orients, Reihe A (Naturwissenschaften), Heft 2, 1977. Wiesbaden.

Mit der vorliegenden Arbeit wird die Vegetationskarte „Ostgrenze des kaspischen Waldgebietes", die im Tübinger Atlas des Vorderen Orients erscheinen wird und hier in einem anderen Kartenausschnitt beigegeben ist, beschrieben (Karte 5). Gleichzeitig umfaßt diese Arbeit die Verbreitung der Wälder und Gebüsche bis östlich von Boğnūrd. Eine Karte dazu ist beigegeben (Karte 6).

2. Arbeitsgebiet

Die Grenzen des Arbeitsgebietes wurden so gewählt, daß ausgehend vom hyrkanischen Waldgebiet alle Wald- und Gebüschformationen NW-Ḥorāsāns erfaßt wurden. Es umfaßt den östlichsten Teil des Kūhhā-ye Alborz (Elburs) und den westlichen Teil des Ḥorāsānischen Gebirgszuges (Karten 1, 2, 3, 6, 7). Westlichster Punkt ist Tangar (37° 22'N, 55° 45'E) im Rūd-e Mādarsū-Tal an der Ostgrenze der Provinz Māzandarān. Der Rūd-e Mādarsū, der Oberlauf des Rūd-e Gorgān, trennt den Alborz vom Ḥorāsānischen Gebirgszug. Ostwärts wurden die Aufnahmen bis Šīrvān (37° 25'N, 57° 50'E) durchgeführt.

Im Norden begrenzen im westlichen Teil die nördlichen Berge des Nationalparks und der Kūh-e Kūrḫūd das Arbeitsgebiet. Von Boǧnūrd bis Šīrvān bildet die Verbindungsstraße die Nordgrenze. Im Süden wurde das Gebiet bis etwa 37° N berücksichtigt, d. h. bis zur Ebene von Esfarāyen.

Der größte Teil des Untersuchungsgebietes liegt im Ḥorāsānischen Gebirgszug. Die höchsten Gipfel sind über 3000 m hoch (S von Šīrvān 3033 m). Wichtige Massive sind der Kūh-e Kūrḫūd (2819 m) NW von Čaman-e Bīd und der Kūh-e Āq Mazār (2411 m). Den östlichsten Außenposten des Alborz bildet der Kūh-e ʿAlūw-Bāǧ mit 2157 m.

Die Sohle des Ḥorāsānischen Grabenbruches, der parallel zum Ḥorāsānischen Gebirgszug verläuft, liegt zwischen 1000 und 1200 m hoch. Hier befinden sich die Städte Boǧnūrd und Šīrvān. Auf etwa dieselbe Höhe fallen die Bergketten nach Süden ab. Die Ebene von Esfarāyen liegt auf etwa 1000 m Höhe.

Die westlichsten Teile des bearbeiteten Gebietes liegen im Nationalpark (Karte 3). Er reicht ungefähr von 37° 15'N bis 37° 30'N und von 55° 45'E bis 56° 15'E.

In den östlichsten Ausläufern des Alborz und im Ḥorāsānischen Gebirgszug steht vorwiegend jüngeres Gestein an; vom Jura bis zum Tertiär. Generell ist kalkhaltiges Gestein verbreitet. Über große Bereiche sind in den Bergzügen Karsterscheinungen deutlich zu erkennen.

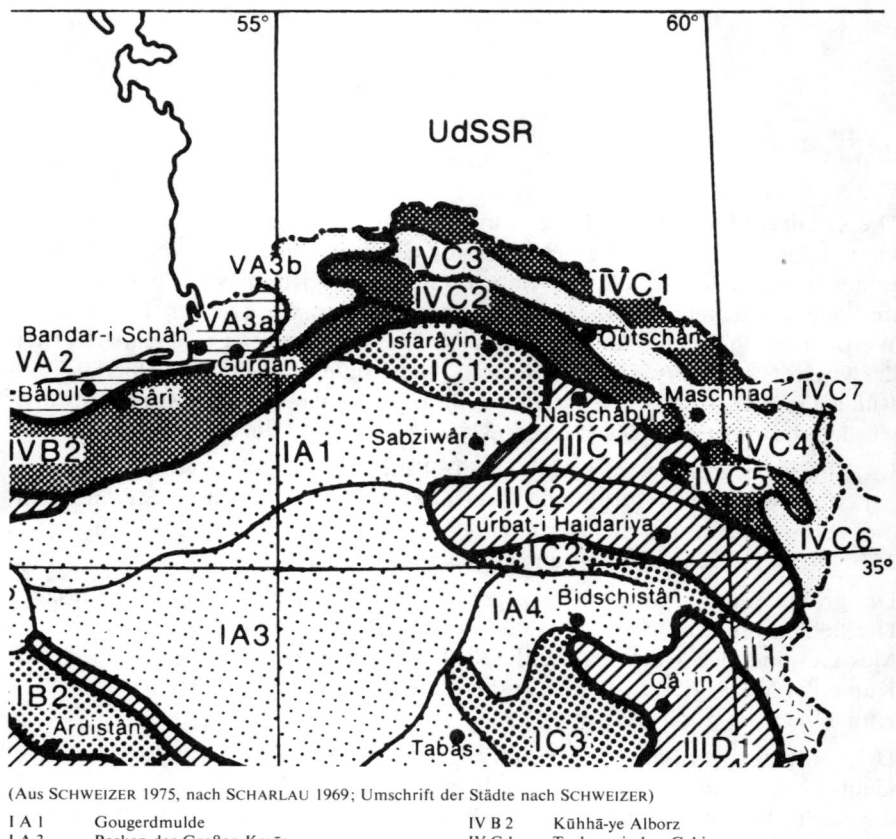

(Aus SCHWEIZER 1975, nach SCHARLAU 1969; Umschrift der Städte nach SCHWEIZER)

I A 1	Gougerdmulde	IV B 2	Kūhhā-ye Alborz
I A 3	Becken der Großen Kavīr	IV C 1	Turkmenischer Gebirgszug
I A 4	Becken von Beğestān	IV C 2	Horāsānischer Gebirgszug
I B 2	Becken von Ardestān	IV C 3	Tal des Atrak
I C 1	Becken von Esfarāyen	IV C 4	Tal des Kašaf-Rūd
I C 2	Senke des Kāl-Šūr	IV C 5	Pošt-e Kūh
I C 3	Raum von Čusf-Čūr	IV C 6	Tal des Harī-Rūd
II 1	Daryā-ye Namakzār	IV C 7	Tieflandbucht von Sarahs
III C 1	Paßlandschaft von Neišābūr	V A 2	Māzandarān
III C 2	Kūh-e Sorh	V A 3a	Gorgān/Küstenland
III D 1	Bergland von Kūhestān	V A 3b	Gorgān/Turkmenensteppe

Karte 1: Naturräumliche Gliederung von E-Māzandarān und N-Horāsān

Arbeitsgebiet

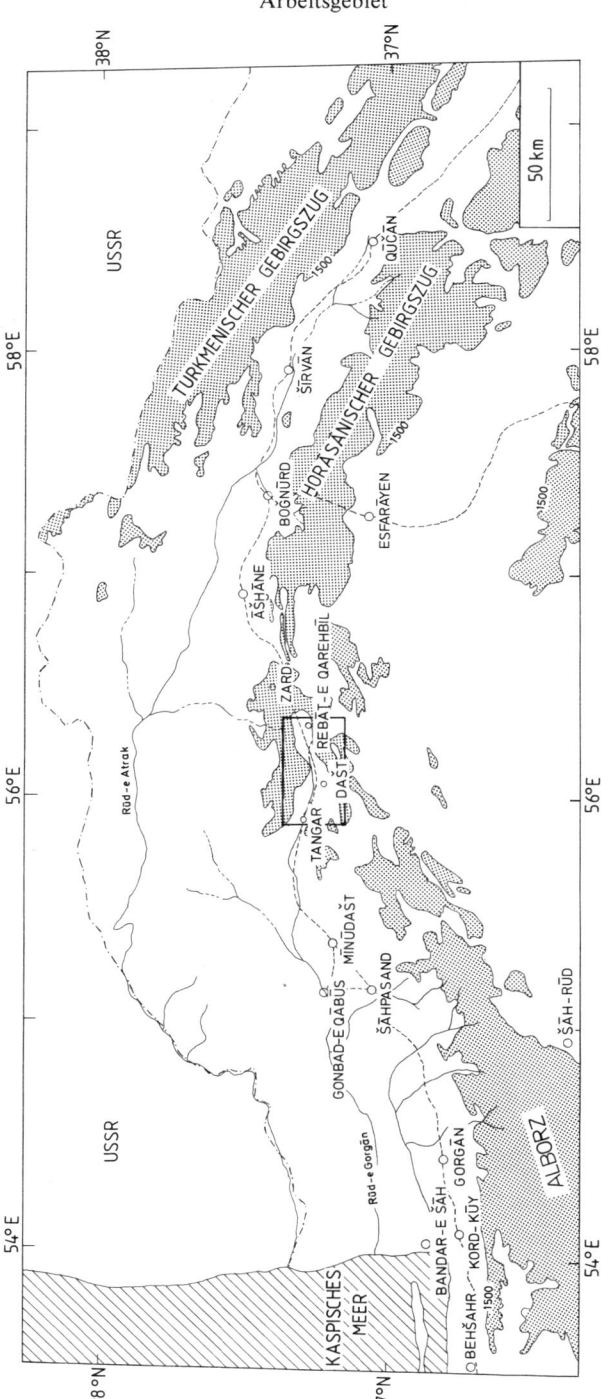

Karte 2: Übersichtskarte von NW- und N-Ḫorāsān mit der Lage des Nationalparks

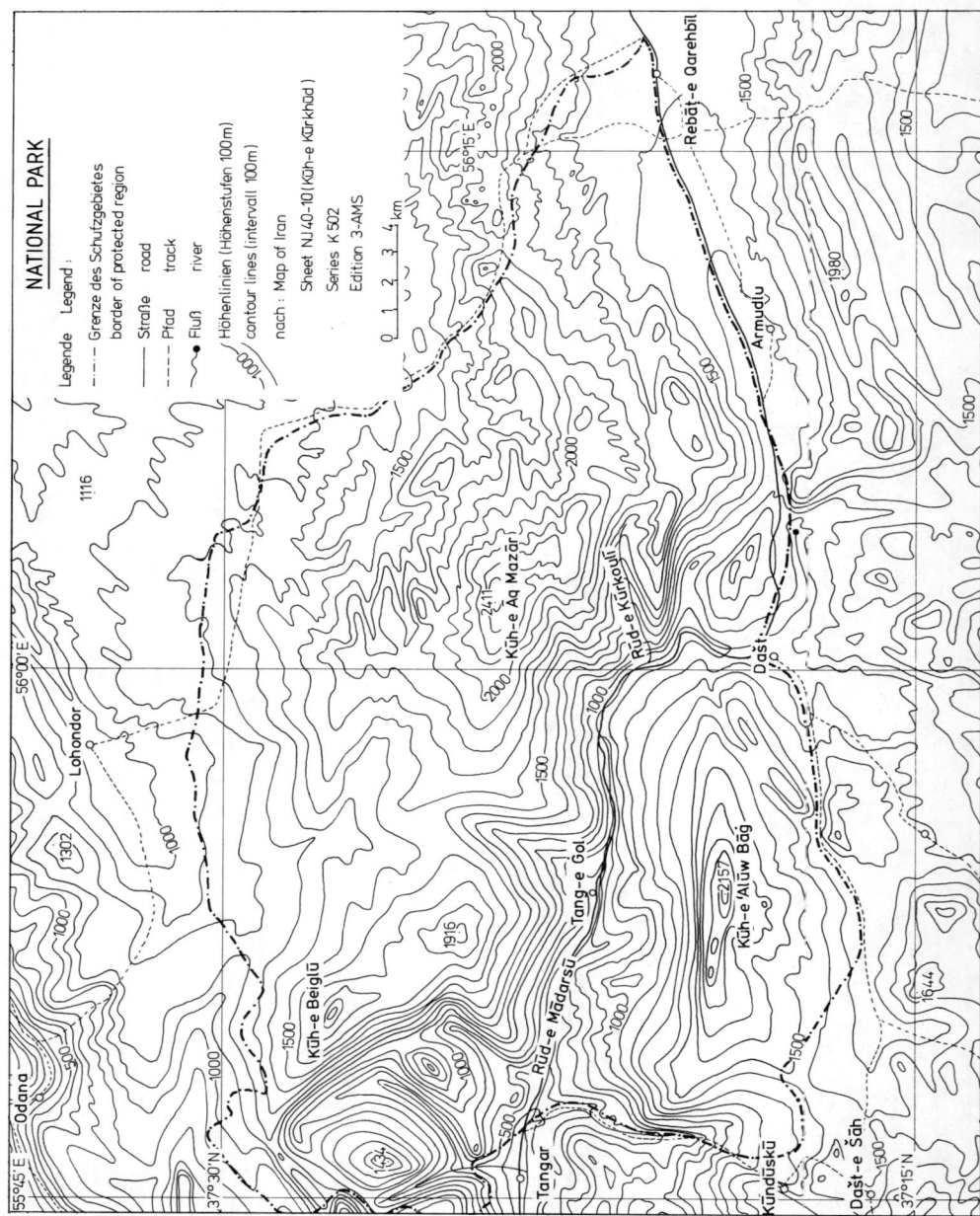

Karte 3: Karte des Nationalparks

3. Klimatische Verhältnisse

Die klimatischen Verhältnisse in den Tieflagen des westlichen und zentralen Teils des südkaspischen Tieflandes sind relativ gut bekannt. Mehrere Arbeiten sind hierüber erschienen (z. B. ADLE 1960 a, b; DOROSTKAR 1974, FREY/ KÜRSCHNER 1979, FREY/PROBST 1974 a, PROBST 1974, SABETI 1969 u. a.). Dagegen wissen wir kaum Bescheid über die Verhältnisse im Bereich des hyrkanischen Bergwaldes und den höchsten Regionen im Kūhhā-ye Alborz, da hier nur wenige Klimastationen liegen und die spärlichen Daten kaum aussagekräftig sind. Wir sind hier weitgehend auf die Rückschlüsse, die wir aus der Vegetation ziehen, angewiesen. Noch dürftiger sind unsere Kenntnisse über den westlichen und mittleren Teil unseres Arbeitsgebietes, in welchem sich verschiedene Klimagebiete verzahnen. Die differenzierten Klimaverhältnisse drücken sich jedoch deutlich in der Vegetation aus.

Im westlichen und zentralen Teil des südkaspischen Raumes herrscht ein ständig feuchtes und sommerheißes Klima vor. Die Niederschläge betragen bei Bandar-e Pahlavī fast 2000 mm/Jahr und nehmen nach Osten zu ständig ab (Abb. 1, 2). Die Hauptniederschlagszeiten liegen im Frühjahr und Herbst. Auch in der niederschlagsärmeren Zeit ist die Luftfeuchtigkeit ständig hoch; sie fällt hier nur selten unter 80 % ab. Weitere Angaben finden sich in den oben angegebenen Veröffentlichungen.

Viel differenzierter sind die Verhältnisse im östlichen Teil des südkaspischen Raumes. Östlich von Nou-Šahr gehen die Jahres- und Sommerniederschläge stark zurück (Abb. 1, 2). In Gorgān fallen nur noch 704 mm im Jahr. Das Klimadiagramm zeigt eine „Dürrezeit" in den Sommermonaten Juni, Juli und August an. Auch Šāhpasand, das 77 km östlich von Gorgān liegt, zeigt entsprechende Verhältnisse.

Obwohl die Sommerniederschläge außerordentlich gering sind, kommt es in dieser Region an den Berghängen häufig zu Wolkenbildung. Dadurch ergeben sich wesentlich humidere Verhältnisse, als die Klimadiagramme anzeigen. Auch in den Tieflagen herrscht ständig hohe Luftfeuchtigkeit. Nur so läßt sich das Vorkommen von Hängeformen von *Pseudoleskeella laxiramea* und *Leucodon immersus* 7 km westlich von Šāhpasand erklären (FREY/PROBST 1974 b).

Östlich von Šāhpasand sind erst wieder die Meßdaten der Station Boğnūrd aussagekräftig. Boğnūrd und das weiter östlich gelegene Sīrvān liegen bereits im extrem kontinentalen Gebiet mit 229 bzw. 216 mm Jahresniederschlag und einer ausgeprägten Sommerdürre, wobei die Luftfeuchtigkeitswerte hier tief abfallen. Die Meßwerte der beiden Stationen sagen nur bedingt etwas über die

16 Klimatische Verhältnisse

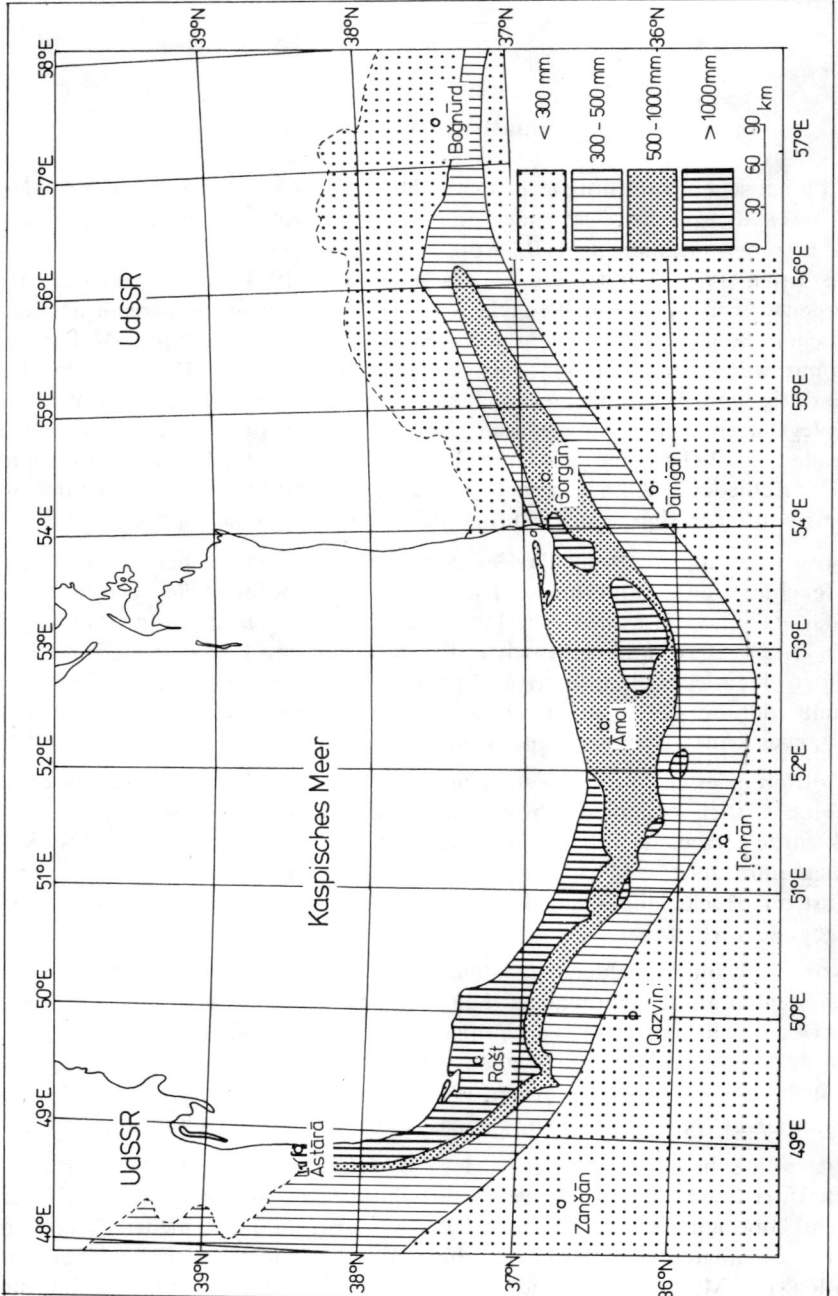

Abb. 1: Mittlere Jahresniederschläge im südkaspischen Gebiet (Beobachtungszeitraum 1956–1970)

Klimatische Verhältnisse

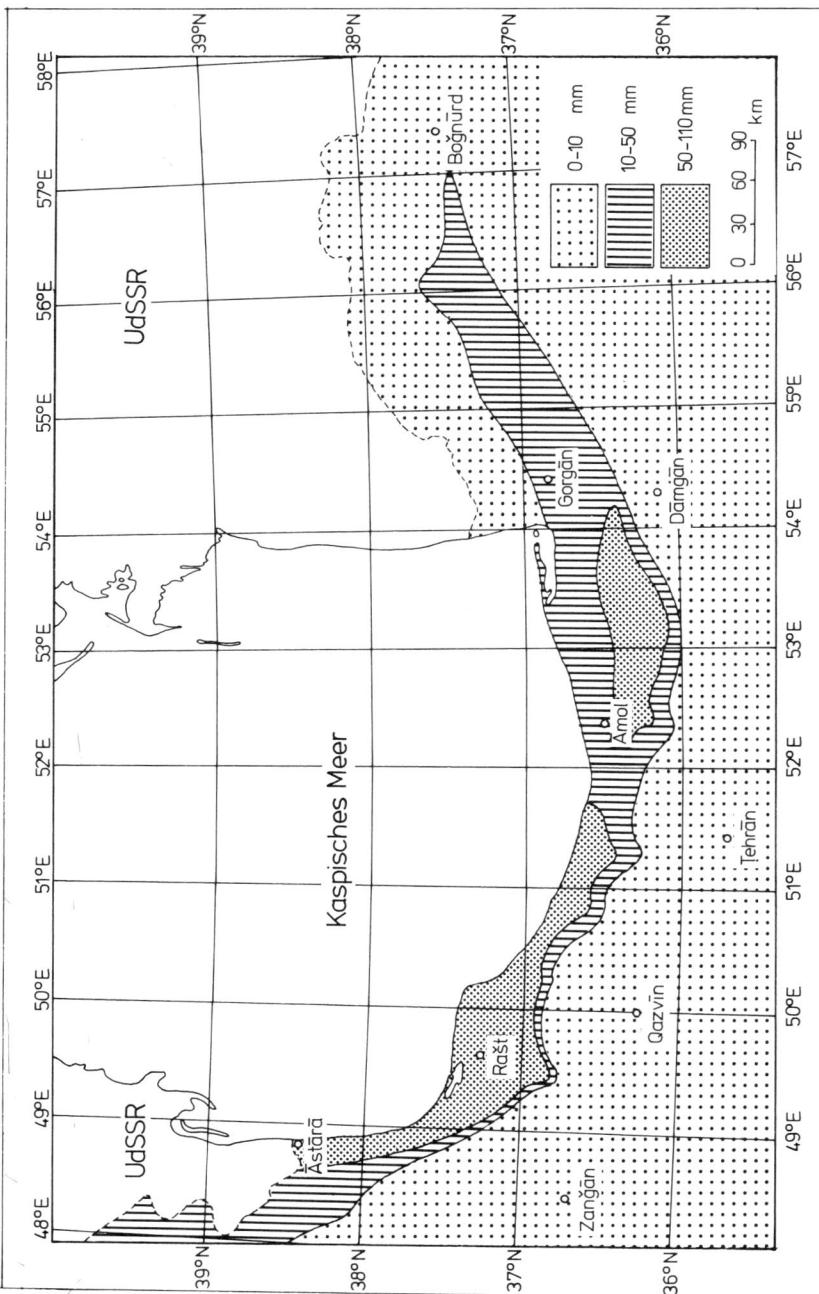

Abb. 2: Niederschläge während der Sommermonate (Juni, Juli und August) im südkaspischen Gebiet (Beobachtungszeitraum 1956–1970)

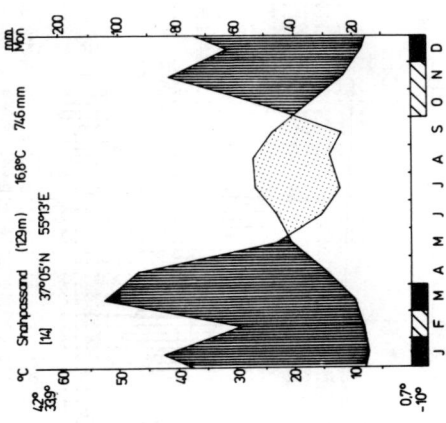
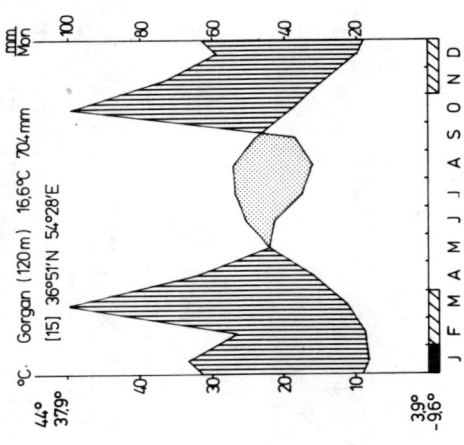

Abb. 3 a – b: Klimadiagramme der meteorologischen Stationen Gorgān und Šāhpasand (Shahpasand) (Kolchisch-kaspischer Niederschlagstyp). (Erstellt nach den Daten des Meteorological Yearbook Iran 1956–1970, nach WALTER 1973)

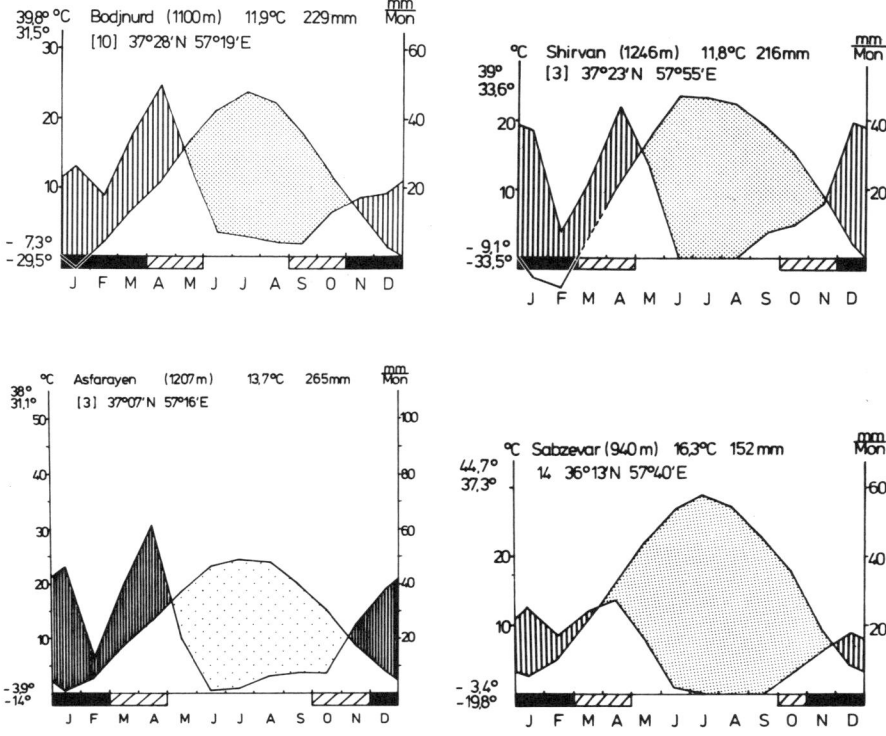

Abb. 3 c – e: Klimadiagramme der meteorologischen Stationen Boğnūrd (Bodjnurd), Šīrvān (Shirvan), Esfarāyen und Sabzevār (Irano-turanischer Niederschlagstyp). (Erstellt nach den Daten des Meteorological Yearbook Iran 1956 – 1970, nach WALTER 1973)

klimatischen Verhältnisse im südlich davon gelegenen Ḫorāsānischen Gebirgszug aus, wo die Jahresniederschläge bei etwa 400 mm liegen dürften und auch Sommerniederschläge fallen.

Vom westlichen Teil des Arbeitsgebietes ist es nicht möglich, Klimadiagramme beizubringen. Die Meßwerte der fünf kleinen Stationen, die es im Gebiet gibt, sind sehr dürftig und lassen noch keine Aussagen über längerfristige Zeiträume zu. Nur von der Station Dašt konnten wir Meßdaten über sieben Tage erhalten (Tab. 1). Über jeweils 24 Stunden ermittelten wir in Tangar und bei Mehmānak (Abb. 4, 5) Lufttemperatur, relative Luftfeuchtigkeit und die Bewölkungsverhältnisse. Diese Daten werden hier veröffentlicht, da wir sonst keinerlei Klimadaten kennen. Den Meßdaten der Station Tang-e Ġol im Nationalpark konnte leider kein Aufnahmezeitpunkt zugeordnet werden. Trotzdem ließen sie einen wichtigen klimatischen Effekt erkennen. Die Wintertemperatu-

Tab. 1: Klimadaten der Station Dašt (37° 17'N, 56° E) vom 23. – 29. 8. 1975. Höhe: 1050 m über NN

Tag	Luft-temp. °C	Rel. Luft-feucht. %	Bewölk.	Min. Luft-temp. °C	Luft-temp. °C	Rel. Luft-feucht. %	Bewölk.	Luft-temp. °C	Rel. Luft-feucht. %	Bewölk.	Max. Luft-temp. °C
	3 GMT = 5.30 h Ortszeit				9 GMT = 11.30 h Ortszeit			15 GMT = 17.30 h Ortszeit			
23.8.	17,0	68	–	7	29,2	14	–	25,2	34	–	31,5
24.8.	15,8	69	–	9,5	29,8	20	–	26,6	39	–	30,5
25.8.	15,0	78	–	11,5	27,7	49	–	24,7	51	–	29,5
26.8.	19,0	74	–	19	28,0	41	1/4	19,8	84	1/5	27,5
27.8.	14,4	79	–	10,5	27,0	22	–	23,9	89	–	27,0
28.8.	9,4	84	–	8,5	28,2	19	–	24,2	25	–	?
29.8.	10,2	79	–	8,5	28,4	29	–	24,2	40	–	29,5

In den sieben Tagen fiel kein Niederschlag

ren fallen im Nationalpark in der Talsohle nicht unter −10°C ab. Sie entsprechen also denen im zentralen Teil des südkaspischen Raumes.

Die aus dem südkaspischen Raum südost- und ostwärts streichenden feuchtigkeitsbeladenen Luftmassen steigen an den Nordabhängen der östlichen Alborzausläufer auf und bringen an zahlreichen Tagen, auch in den Sommermonaten, Nebel und Niederschläge. Der Kessel des oberen Mādarsū-Tals, der von Kūh-e ʿAlūw-Bāġ und Kūh-e Āq-Mazār umrahmt wird, wirkt als „Falle" für die aus Westen einstreichenden Luftmassen. Wir müssen daher für den westlichen und mittleren Teil des Nationalparks Klimaverhältnisse wie sie in Gorgān oder Šāhpasand herrschen, annehmen. Die einmalig schönen Waldbestände dieses Gebietes, das Vorkommen von *Parrotia persica, Pterocarya fraxinifolia, Diospyros lotus* und die vor allem in höheren Lagen an der N-Seite des Kūh-e ʿAlūw-Bāġ beherrschend auftretenden Epiphyten und Farnbestände (Foto 2) sprechen eindeutig hierfür. Abb. 4 zeigt den Tagesgang von Lufttemperatur und Luftfeuchtigkeit bei Tangar im Nationalpark während eines wolkenlosen Sommertages und einer wolkenlosen Nacht. Die Temperaturen entsprechen denen in westlichen Gebieten, die relative Luftfeuchtigkeit sank nur kurzfristig auf 30 % ab, erreichte aber nie Werte, wie wir sie aus den ariden Gebieten kennen.

Die Südabhänge des Kūh-e ʿAlūw-Bāġ, die Regionen östlich von Dašt (bzw. Darre-ye Qarehbīl) und die Südabhänge des Kūh-e Kūrḫūd sind bereits dem irano-turanischen Niederschlagstyp mit trockenen, heißen Sommern und sehr kalten Wintern (−30° C!) mit Niederschlägen im Winter und Frühjahr zuzurechnen (Abb. 3).

Östlich von Čaman-e Bīd, an den Nordhängen des Rešte-ye Yaman-Dāġ und des Rešte-ye Allāh-Dāġ treten wieder Wald- und Gebüschinseln auf (Karte 6), die bis zur Länge von Āšḫāne reichen (56° 50'E). Auf der Paßhöhe zwischen Āšḫāne und Boǧnūrd und sogar noch östlich von Boǧnūrd finden sich lichte Bestände von *Crataegus pontica*, die sicher vor dem Beginn des Regenfeldbaus dichter waren (Fotos 10, 11). An den Nordhängen dieser beiden Bergmassive und in der Paßregion vor Boǧnūrd fallen höhere Niederschläge. Auch in den Sommermonaten kommt es oft zu Bewölkung, die die Verdunstung entscheidend herabsetzt. Der Tagesgang von Lufttemperatur und relativer Luftfeuchtigkeit bei Mehmānak (Abb. 5), etwas westlich von Āšḫāne, belegt dies. An diesem Sommertag kam es sogar in den Tallagen zu Niederschlägen, die im Tagesgang nicht verzeichnet sind. In höheren Lagen war es bedeutend feuchter.

Die Niederschläge sind folgendermaßen zu erklären: Die feuchten Luftmassen aus dem südkaspischen Raum wandern nördlich des Kūh-e Āq Mazār und des Kūh-e Kūrḫūd über die niedrigen Pässe nach Osten ohne sich ganz abzuregnen und treffen auf die Bergmassive östlich von Čaman-e Bīd, auf die Paßregion von Boǧnūrd und auf den östlichen Ḫorāsānischen Gebirgszug und bringen dort im Sommer Niederschläge und Nebel. Beeindruckend sind in die-

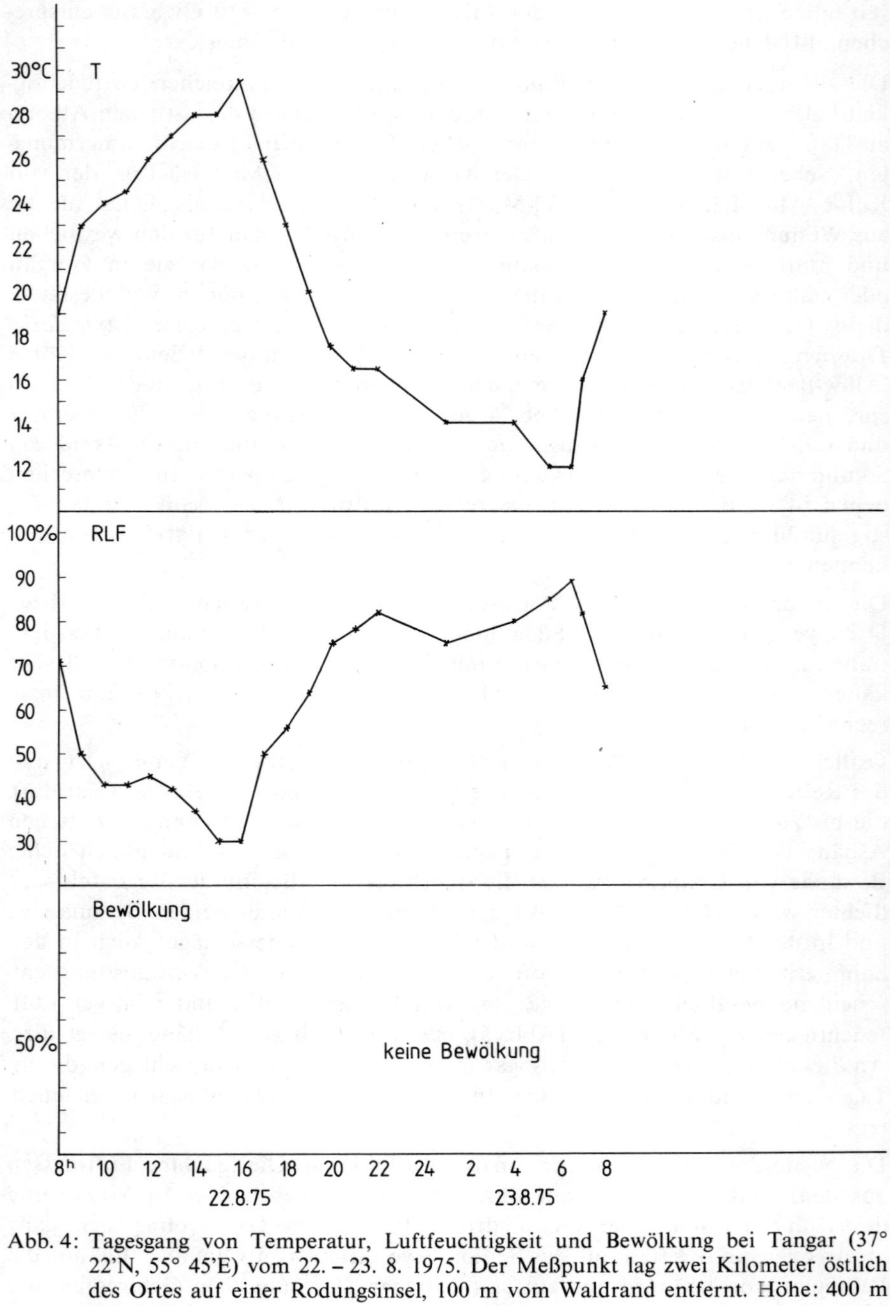

Abb. 4: Tagesgang von Temperatur, Luftfeuchtigkeit und Bewölkung bei Tangar (37° 22'N, 55° 45'E) vom 22. – 23. 8. 1975. Der Meßpunkt lag zwei Kilometer östlich des Ortes auf einer Rodungsinsel, 100 m vom Waldrand entfernt. Höhe: 400 m über NN

sen Gebirgsketten die Nebelbänke, die die Berge überdecken und sich gegen die südlichen trockenen Täler auflösen (Fotos 9, 13). Die Wälder, einschließlich der *Juniperus*-Offenwälder, reichen so weit, wie die Nebelbänke im Sommer vordringen. Diese Beobachtung stimmt mit der aus N-Afghanistan überein. Dort sind zur Verjüngung der *Juniperus*-Bestände auch geringe Sommerniederschläge und zeitweise hohe Luftfeuchtigkeit notwendig (FREY/ PROBST 1978).

In den sommertrockenen Gebieten dehnen sich im Ḫorāsānischen Gebirgszug und an den Südabhängen der östlichen Alborzausläufer vor allem *Zwergstrauchreiche Formationen*, die z. T. mit Dornpolstern durchsetzt sind, aus (Fotos 9, 11, 12).

Im untersuchten Gebiet herrschen, soweit festgestellt, vor allem Westwinde vor. Auffallend sind die kalten Fallwinde während der Sommermonate bei Dašt und Čaman-e Bīd.

4. Bisher erschienene Arbeiten

Aufbau und Gliederung des westlichen und zentralen Teils des hyrkanischen Waldgebietes sind heute verhältnismäßig gut bekannt. Es sei hier nur auf die zusammenfassenden Darstellungen von BOBEK (1951) und ZOHARY (1973) hingewiesen. FREY/PROBST (1974 a) haben nochmals eine Darstellung für den zentralen Teil gegeben. Alle Arbeiten bis 1973 beziehen sich im wesentlichen auf den westlichen und zentralen Teil östlich bis Šāhpasand/Šāh-Rūd. DOROSTKAR (1974) gibt eine ausführliche Darstellung des Waldgebietes zwischen Gorgān und dem Nationalpark. Er zeigt in seiner Arbeit den Ausfall des „Fagetum hyrcanum" (TREGUBOV/MOBAYEN 1970) östlich von Gorgān auf.

Über die Wald- und Gebüschverbreitung an der Ostgrenze des hyrkanischen Waldgebietes, also zwischen dem Nationalpark und Boğnūrd/Šīrvān, wo diese Wälder sich mit den Vegetationseinheiten des Iranischen Hochlandes verzahnen, sind meines Wissens keine detaillierten Untersuchungen durchgeführt worden. Leider konnten, trotz intensiver Bemühungen, die Arbeiten von GAUBA 1938, ROL 1956, DJAZIREI 1964 und TREGUBOV 1967 nicht eingesehen werden. Es besteht die Möglichkeit, daß sie Angaben zu diesem Gebiet enthalten. Sonst finden sich Angaben nur in BOBEK (1936, 1951), DOROSTKAR (1974) und RECHINGER (1951). RECHINGER weist auf die Waldinseln östlich von Čaman-e Bīd im Rešte-ye Yaman Dāġ und Rešte-ye Allāh Dāġ hin. Kartographisch sind die Verhältnisse auf den Vegetationskarten von TREGUBOV/MOBAYEN (1970) 1 : 2,5 Mill. und der Carte de la végétation de la région méditerranéenne (1970) 1 : 5 Mill. übersichtsmäßig festgehalten. Die Verbreitung der Wälder ist außerdem, jedoch sehr großzügig, auf den beiden Kartenblättern der topographischen Karte 1 : 250 000 dargestellt (Map of Iran, Series K 502, Sheets NJ 40 – 10, NJ 40 – 11).

5. Arbeitstechnik

Die Gliederung der Vegetation und die Darstellung in den beigegebenen Vegetationskarten (Karten 5, 6) und in diesem Beiheft erfolgten nach dem für die Arbeiten an den Vegetationskarten des „Tübinger Atlas des Vorderen Orients" festgelegten Gliederungs- und Darstellungsschema von FREY/PROBST (1977). Der Klassifizierung liegen physiognomische und ökologische Merkmale zugrunde.

Aufgrund der kurzen Zeit, die für diese Untersuchungen zur Verfügung stand und des sehr großen Gebietes, war es nur möglich, die Verbreitung der Wald- und Gebüschformationen und einiger weiterer Vegetationseinheiten festzuhalten. Es konnten keine vegetationsanalytischen oder pflanzensoziologischen Aufnahmeverfahren für einzelne Einheiten bzw. zwischen Einheiten durchgeführt werden. Die Einheiten wurden nach den bestimmenden Arten festgelegt.

Diese Arbeit soll als ein erster Schritt zur Kenntnis der Ostgrenze des hyrkanischen Waldgebietes verstanden werden. Es müssen sich weitergehende Untersuchungen anschließen. Sie würden sicher vieles zum Verständnis der Waldgebiete in Iran, über natürliche Waldgrenzen und über Wanderbewegungen von Waldgrenzen aussagen.

6. Vegetationseinheiten

Die regionale Verbreitung der einzelnen Vegetationseinheiten ist auf den Karten 5 und 6 dargestellt.

6.1 *Kältekahler Tieflandswald (2.21)* (Hyrkanischer Tieflandswald) (Foto 1) Parrotio-Carpinetum im Sinne von TREGUBOV/MOBAYEN (1970)

Ursprünglich erstreckte sich der *Kältekahle Tieflandswald* entlang der gesamten südkaspischen Küstenregion und den angrenzenden tieferen Zonen (bis in etwa 1000 m Höhe) der nördlichen Abhänge des Alborz nach Osten bis in den Nationalpark.

Das Vorkommen eines typischen Tieflandswaldes setzt mindestens 700 mm Jahresniederschlag und keine zu trockenen Sommer voraus. Die Temperaturen dürfen im Winter nicht unter $-10°$ C fallen; Frost tritt nur selten und kurzfristig auf.

Nur aufgrund der günstigen klima-orographischen Bedingungen ist die Ausdehnung des *Kältekahlen Tieflandswaldes* bis an den Oberlauf des Rūd-e Mādarsū möglich. An den Bergstöcken Kūh-e 'Alūw Bāġ und Kūh-e Āq Mazār, die dieses Tal begrenzen, stauen sich die feuchten und warmen kaspischen Luftmassen und geben durch Höhenaufstieg Feuchtigkeit ab. Die Sommerniederschläge sind relativ gering, dagegen ist die Luftfeuchtigkeit selbst an wolkenlosen Tagen hoch. Dies ist auch am Epiphytenbewuchs der Bäume deutlich abzulesen (vgl. FREY/KÜRSCHNER 1977).

Im bearbeiteten Gebiet beschränkt sich der Tieflandswald auf die Talsohle des Rūd-e Mādarsū, auf die Nordhänge des Kūh-e 'Alūw Bāġ bis in 1000 m Höhe, auf das Tal nach Kūndūskū und auf die beiden von Tangar nach Norden ziehenden Täler. Durch die starken Schutzmaßnahmen, wie Dorfumsiedlung, Köhlerei- und Beweidungsverbot ist der Wald hier bis heute in einem nahezu natürlichen Zustand erhalten geblieben. Die Begrenzungsfaktoren im Osten sind für den Tieflandswald die abnehmende Feuchtigkeit und die zunehmende Winterkälte (Kälteeinbrüche aus Osten). Aus diesem Grund fällt im Osten die Obergrenze des Tieflandswaldes auf 850 m ab. Auf engem Raum erfolgt hier der Übergang über den *Kältekahlen montanen Wald (2.22)* zu den Gebüschformationen. An den südwärts gerichteten Hängen auf der orographisch rechten Seite des Rūd-e Mādarsū-Tales sind die Verhältnisse zu arid. Die unteren Hangbereiche werden von Gebüschformationen eingenommen.

Die Grenze zwischen dem *Kältekahlen Tieflandswald* und dem *Kältekahlen montanen Wald (2.22)* wird durch den Ausfall der wärmeliebenden Gehölzarten angezeigt. Im Gebiet sind dies *Diospyros lotus, Juglans regia, Parrotia persica, Pterocarya fraxinifolia* und *Zelkova carpinifolia.* Die *Parrotia*-Obergrenze liegt an den Berghängen bei 900 m; im Talgrund des Tales nach Kūndūskū geht sie auf 1000 m Höhe. *Pterocarya fraxinifolia* ist die wärmeliebendste der Arten. Sie kommt nur bei Tangar vor.

Charakteristische Arten des Tieflandswaldes sind an seiner Ostgrenze *Carpinus betulus, C. orientalis, Quercus castaneifolia, Zelkova carpinifolia, Parrotia persica* und *Diospyros lotus. Gleditsia caspica, Albizia julibrissin, Prunus laurocerasus, Buxus hyrcana, Smilax excelsa* und *Tamus communis* kommen nicht mehr vor. Physiognomisch treten die *Carpinus*-Arten und *Quercus castaneifolia* hervor. Begleitarten sind die *Acer*-Arten des hyrkanischen Gebietes, *Tilia* ssp. und *Ulmus* spec. An Sträuchern finden sich vielfach *Crataegus* spp., *C. ambigua, Colutea persica, Cornus australis, Prunus mahaleb, Mespilus germanica, Euonymus latifolia* und *Danae racemosa.* Ist der Standort trockener, tritt *Parrotia persica* zurück, *Carpinus* spp. und *Zelkova carpinifolia* dominieren.

Auch im Untersuchungsgebiet zeigt der Tieflandswald den charakteristischen Stockwerksaufbau, wie er aus den westlichen Teilen bekannt ist (PROBST 1972). Es können zwei Baumschichten unterschieden werden. Die beiden Stockwerke sind jedoch an Arten verarmt.

6.2 *Kältekahler montaner Wald (2.22)* (Hyrkanischer Bergwald)

In etwa 1000 m Höhe schließt sich der *Kältekahle montane Wald* an den *Kältekahlen Tieflandswald (2.21)* an. Seine Obergrenze liegt im Westen bei etwa 2600 m und fällt an seiner östlichen Verbreitungsgrenze auf etwa 1850 m ab. Im Bereich des Bergwaldes findet man heute noch die üppigsten, am besten erhaltenen Wälder der südkaspischen Region.

Im Westen dominiert *Fagus orientalis* in der unteren Stufe des Bergwaldes (Fagetum hyrcanum, TREGUBOV/MOBAYEN 1970). Der östlichste bekannte Standort liegt 15 km E von Zīārāt (S von Gorgān). In der oberen, schmäleren Stufe treten die *Carpinus*-Arten und *Quercus macranthera* beherrschend auf (Carpinetum orientalis, TREGUBOV/MOBAYEN 1970). Östlich von Gorgān wird das Fagetum hyrcanum von einem Querco-Carpinetum abgelöst. Weitere Daten über den westlichen und zentralen Teil des Bergwaldes geben ZOHARY (1973) und FREY/PROBST (1974 a).

Über die klimatischen Bedingungen in der Bergwaldstufe ist wenig bekannt. Die Daten haben PROBST (1974), FREY/PROBST (1974 a) und FREY/KÜRSCHNER (1979) zusammengestellt (vgl. auch Abb. 1 und 2). Auffallend sind die geringen Niederschläge in den Sommermonaten Juni, Juli und August, die im Westen bis 110 mm betragen und im Osten auf 10 – 50 mm abfallen. Diese „Dürrezeit" wird durch die große Zahl von Nebeltagen stark gemildert.

Oberhalb 2000 m wird es im westlichen und zentralen Teil im gesamten trockener. Das Fagetum hyrcanum geht in das mehr an trockenere Standorte angepaßte Carpinetum orientalis über. Im Osten sind die Verhältnisse differenzierter (s. u.).

Der *Kältekahle montane Wald* dehnt sich weiter nach Osten aus als der Tieflandswald. Nach P. M. SYKES (1911, zitiert nach BOBEK 1951) überschreitet der montane Wald den schluchtartigen Oberlauf des Rūd-e Gorgān (Rūd-e Mādarsū). RECHINGER (1951) gibt die inselartigen Bestände westlich von Boğnūrd an. Über die Waldgrenzen schreibt er (1951): „Die obere Grenze, die im Westen bei etwa 2500 m verläuft, sinkt ab, eine untere Waldgrenze kommt unter dem Einfluß der nördlich angrenzenden Turkmenensteppe zur Ausbildung, so daß z. B. im Gebiet des Paßüberganges Chosh-Jaila, ca. 70 km östlich der Linie Shahrud-Gorgan, die Mächtigkeit der Waldstufe schätzungsweise schon weniger als 1000 m beträgt. Noch weiter östlich scheinen die Laubwälder nur noch auf die kaspischen Luftströmungen zugekehrten Talflanken beschränkt zu sein." Diese allgemeinen Aussagen können bestätigt werden. Im folgenden möchte ich die sehr differenzierten Verhältnisse darstellen.

Der nördliche Abhang des Kūh-e 'Alūw Bāġ trägt bis in etwa 1850 m Höhe geschlossenen Wald. In dieser Höhe wird die Baumgrenze erreicht, die hier kältebedingt und gegenüber den westlichen Gebieten (etwa 2600 m) stark herabgedrückt ist. Nach oben schließt sich bis zur Gipfelregion ein *Kältekahles Gebüsch der subalpinen Stufe (7.22)* an (Abb. 6). Auf der Südseite bildet der montane Wald nochmals ein Band von 200 bis 300 m Breite. An dessen Untergrenze ist die trockenheitsbedingte Waldgrenze erreicht; der Wald geht in Gebüsche *(7.21)* über (Foto 3). Das Waldband am Kūh-e 'Alūw Bāġ reicht bis zur Talsohle des Rūd-e Mādarsū.

Auf der orographisch rechten Seite des Rūd-e Mādarsū-Tales wechseln die Deckungsgrade ständig und sehr stark. Hier wirken sich die Expositionen, der geologische Untergrund und die frühere Waldzerstörung deutlich aus. In der Karte ist hier eine Mischformation aus dem *Kältekahlen montanen Wald (2.22)* und dem *Kältekahlen montanen offenen Laubwald (4.22)* eingetragen. Nach Osten reicht dieses Waldband bis wenige Kilometer oberhalb des Zusammenflusses von Rūd-e Mādarsū und Rūd-e Kūrkoulī. Die Bergkämme werden südöstlich des Rūd-e Kūrkoulī gerade noch erreicht. Auf den ostwärts gerichteten Bergflanken geht der Wald in Gebüsche über. Eine direkte Verbindung mit dem montanen Wald am Kūh-e 'Alūw Bāġ besteht nicht. Dazwischen breiten sich in der Tallage *Kältekahle Gebüsche des Tieflandes und der montanen Stufe (7.21)* aus.

Die Gipfel nördlich und nordwestlich des Rūd-e Mādarsū liegen deutlich über der Baumgrenze. Die Gipfelregionen werden vom *Kältekahlen Gebüsch der subalpinen Stufe (7.22)*, die nordostseitigen Hänge bereits vom *Immergrünen Nadelgebüsch (6.21)* eingenommen. Dieses geht unterhalb der Baumgrenze in den *Kälteharten immergrünen offenen Nadelwald (3.32)* (*Juniperus*-Offenwald) über.

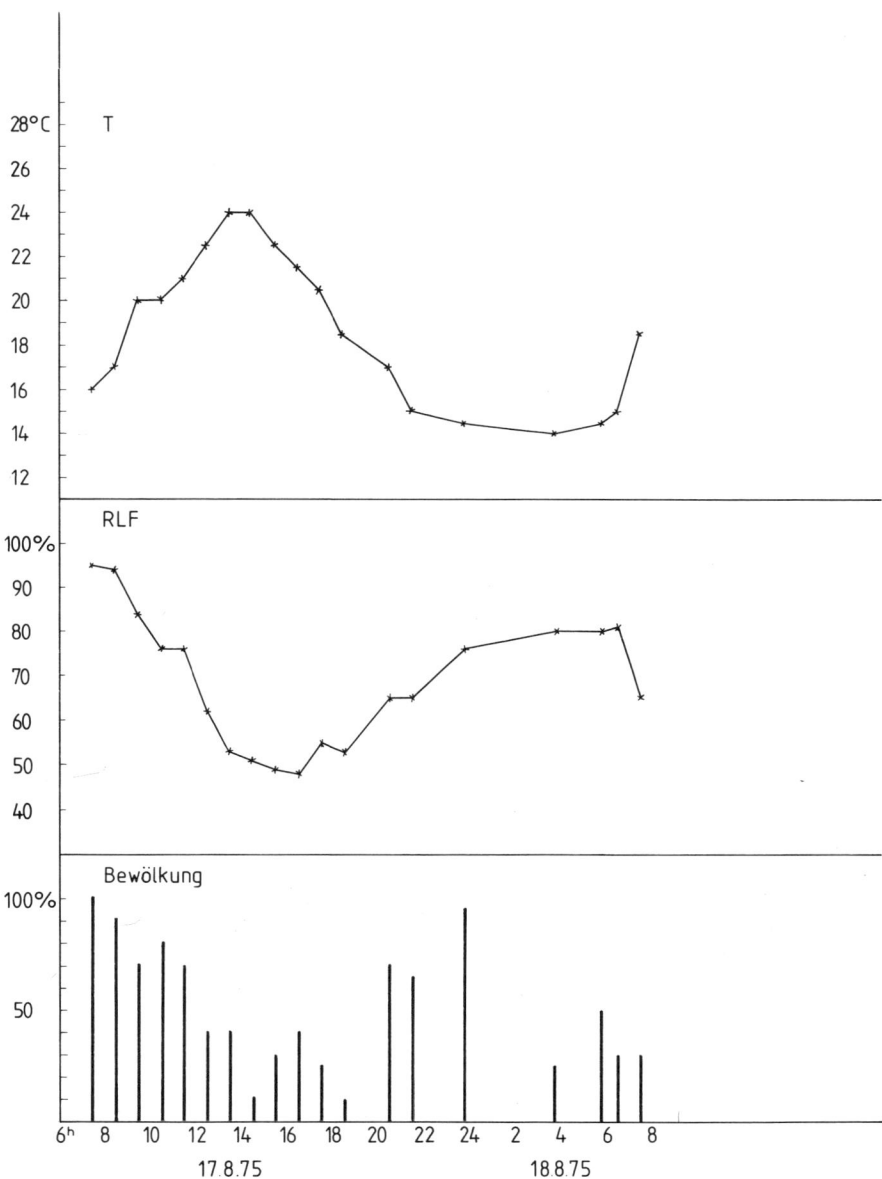

Abb. 5: Tagesgang von Temperatur, Luftfeuchtigkeit und Bewölkung bei Mehmānak (37° 30'N, 56° 50'E) vom 17. – 18. 8. 1975. Höhe: 1000 m über NN

Überraschend ist, daß etwa 50 km östlich des geschlossenen Waldes zwischen Ġouzak und Mehmānak an den nordexponierten Hängen der nach Osten ziehenden Gebirgszüge Rešte-ye Yaman Dāġ und Rešte-ye Allāh Dāġ noch inselartige Bestände des *Kältekahlen montanen Waldes* (Fotos 4, 5) auftreten. Diese sind auf tonhaltige Schichten beschränkt.

Aus diesen Gebieten liegen außer dem Tagesgang von Temperatur, Luftfeuchtigkeit und Bewölkung bei Mehmānak (Abb. 5) keine Klimadaten vor. Dieser Tagesgang deutet darauf hin, daß hier oft hohe Luftfeuchtigkeitswerte auftreten und an den nordexponierten Berghängen Niederschlag fällt. Wie ausgeführt, stammen die feuchten Luftmassen aus dem südkaspischen Raum. Sie überqueren die niedrigen Pässe nördlich des Kūh-e Āq Mazār, wandern an den Nordhängen des Kūh-e Kūrḫūd-Massivs nach Osten und regnen sich fast vollständig an den Nordhängen des Rešte-ye Yaman Dāġ und Rešte-ye Allāh Dāġ ab. Die Gipfellagen sind vielfach von Wolken umhüllt. Die Wolkenbänke lösen sich auf den südseitigen, gegen das aride Hochland gerichteten Berghängen auf (Foto 13).

Die floristische Zusammensetzung des Bergwaldes ist auch an seiner östlichen Verbreitungsgrenze stark differenziert. Es konnte eine deutliche vertikale und horizontale Zonierung festgestellt werden. Näher untersucht wurden das Waldgebiet am Kūh-e ʿAlūw Bāġ und die Waldinseln S von Ġouzak und Kašānak.

1. Kūh-e ʿAlūw Bāġ (Karten 5, 6, Abb. 6)

Der *Kältekahle montane Wald* kann in drei Gesellschaften unterteilt werden:

a) *Carpinus-Quercus castaneifolia*-Gesellschaft

Zwischen 1000 und 1500 m dominieren *Quercus castaneifolia, Carpinus betulus, C. orientalis* und *Acer cappadocicum*. Es handelt sich um einen relativ trockenen Waldtyp, wie ihn TREGUBOV/MOBAYEN als Querco-Carpinetum beschreiben. Deckungsgrad und Artenzahl der Epiphyten sind nicht so hoch wie in der sich nach oben anschließenden Gesellschaft.

b) *Acer-Fraxinus-Ulmus*-Gesellschaft (Foto 2)

Ab 1500 m ändert sich die Zusammensetzung deutlich. Der bisher trockene Bergwald formt sich in einen „Nebelwald" um. Die bezüglich der Feuchtigkeit anspruchsloseren *Quercus*- und *Carpinus*-Arten werden durch die hygrophileren *Acer*-Arten *(A. platanoides, A. velutinum)*, *Ulmus carpinifolia, Sorbus orientalis, Fraxinus excelsior* und *Tilia* spp. ersetzt.

Diese „Nebelwaldstufe" ist durch eine artenreiche Bryophyten- und Farnflora charakterisiert. In ihr tritt *Dryopteris caucasica* flächendeckend auf (Foto 2). Zahlreiche Farne wie *Phyllitis scolopendrium, Polystichum aculeatum, Polypodium vulgare, Asplenium trichomanes, A. ruta-muraria* und *Cystopteris fragilis* dominieren. Über die überaus reiche Moosflora haben FREY/KÜRSCHNER (1977) berichtet. Hervorzuheben ist das Massenvorkommen von *Porella platyphylla, Neckera besseri, N. crispa, Leucodon immersus* und *Anomodon viticu-*

losus. Das Auftreten der Lebermoose *Cololejeunea rossettiana* und *Cephaloziella rubella* zeigt ganz deutlich das ständig humide Klima dieser Höhenlage an.

c) *Carpinus-Quercus macranthera*-Gesellschaft (Foto 3)

Am südlichen Gipfelhang des Kūh-e 'Alūw Bāġ geht der Wald, bedingt durch die Regenschattenlage, wieder in eine trockene Variante über (200 – 300 m mächtiges Waldband). Wie im westlichen Teil des Alborz bestimmen *Quercus macranthera* und die beiden *Carpinus*-Arten, *C. orientalis* und *C. betulus,* die Formation. Beigemengt sind *Acer cappadocicum, A. campestre* und *Crataegus* spp. *Quercus macranthera* erreicht am Kūh-e 'Alūw Bāġ ihre östliche Verbreitungsgrenze.

2. Waldinseln südlich Ġouzak, Kašānak und Mehmānak

Mit den Waldinseln südlich von Ġouzak (1600 – 1800 m), Kašānak und Mehmānak (1100 – 1400 m) wird die Ostgrenze des hyrkanischen Waldes erreicht. Der größte Teil der wärme- und feuchtigkeitsliebenden „hyrkanischen" Arten ist hier nicht mehr vertreten. Nur noch *Quercus castaneifolia* tritt bestimmend auf. Eingestreut sind an Bäumen *Fraxinus excelsior* ssp. *coriariifolia, Malus orientalis, Pyrus* spec., *Ulmus carpinifolia, Celtis caucasica,* an Sträuchern und Büschen *Crataegus ambigua, Pyrus boissieriana, Lonicera floribunda, Rosa* spec., *Mespilus germanica, Acer monspessulanum* ssp. *turcomanicum, Cornus australis, Cotoneaster* spec.

Auffallend ist, daß *Quercus castaneifolia* im gesamten hyrkanischen Tieflandswald mitbestimmend ist und hier an der Ostgrenze des hyrkanischen Waldes bestandsbildend auftritt. Es ist nachzuprüfen, ob sich *Quercus castaneifolia* bereits in zwei ökologische Rassen aufgespalten hat.

Die Waldinseln werden von Gebüschen begleitet. An der Untergrenze ist es ein *Kältekahles Gebüsch des Tieflandes und der montanen Stufe (7.21),* an der Obergrenze ein *Kältekahl-immergrünes Gebüsch der subalpinen Stufe (7.12).* Die kältebedingte Baumgrenze liegt hier ebenfalls in 1800 m Höhe.

6.3 *Kältekahler Auenwald (2.23)*

Die wenigen auenwaldartigen Bestände sind auf den westlichen Teil des Nationalparks beschränkt. Wo Überschwemmungsflächen vorhanden sind, wie zwischen Tangar und Tang-e Ġol, im Tal von Kūndūskū und im Tal nördlich von Tangar, kommen dichtere Bestände von *Acer insigne, Populus caspica, Alnus subcordata* und *Pterocarya fraxinifolia* vor.

6.4 *Kältekahler offener Laubwald des Tieflandes (4.21)* und *Kältekahler montaner offener Laubwald (4.22)* (Foto 6)

Das obere Mādarsū-Tal bietet für den hyrkanischen Wald noch eben tragbare Wachstumsbedingungen. Ändern sich die klima-ökologischen Bedingungen nur geringfügig, kommt es zur Bildung von Offenwald. Neben der starken Einstrahlung in S-Exposition, sind die oft frei anstehenden wasserdurchlässigen Gesteinsschichten der wichtigste begrenzende Faktor.

In beiden Formationen fallen die feuchtigkeitsliebenden Arten aus. Bestimmend sind *Quercus castaneifolia, Carpinus betulus, C. orientalis* und *Zelkova carpinifolia* (oft als Strauch). An Sträuchern überwiegen *Celtis caucasica, Rhamnus* spec., *Acer monspessulanum* ssp. *turcomanicum, Prunus divaricata, Ficus carica* (Tieflandswald), *Acer cappadocicum, Paliurus spina-christi* (Tieflandswald), *Colutea persica, Lonicera floribunda* und *Crataegus*-Arten. Hervorzuheben ist, daß zahlreiche Sträucher der *Kältekahlen Gebüsche* in die Offenwälder einwandern.

6.5 *Kältekahles Gebüsch des Tieflandes und der montanen Stufe (7.21)*
(Fotos 6, 7)

Dieses Gebüsch umgibt das Waldgebiet im Nationalpark und die Waldinseln östlich von Čaman-e Bīd bandförmig. Im Osten reicht es über die Waldinseln hinaus. Einzelne isolierte Vorkommen sind an besonders begünstigten Standorten weiter östlich und nördlich zu beobachten, wie z. B. etwa 35 km westlich von Boğnūrd und etwa 25 km nordwestlich von Āšḫāne in Richtung Morāve-Tappe.

Im Gebiet, das von diesem *Kältekahlen Gebüsch* eingenommen wird, sind ungefähr 500 mm Jahresniederschlag anzunehmen. Regelmäßige, wenn auch nur geringe Sommerniederschläge sind eine weitere Voraussetzung. Diese sind auf die feuchten kaspischen Luftmassen zurückzuführen, die weit ostwärts vordringen. Andererseits steht das Verbreitungsgebiet bereits deutlich unter dem Einfluß der trockenen Luftmassen aus dem Iranischen Hochland.

Mit den nach Osten weiter abnehmenden Niederschlägen geht dieses *Kältekahle Gebüsch* auf engstem Raum (Karten 5, 6) über eine Gebüschformation mit Immergrünen *(Juniperus excelsa)* in die *Juniperus*-Offenwälder über.

An relativ feuchten Biotopen bestimmen im wesentlichen die Baumarten des hyrkanischen Waldes (*Quercus castaneifolia, Ulmus carpinifolia, Zelkova carpinifolia, Carpinus betulus, C. orientalis, Acer cappadocicum* z. B.), nun in Strauchform, den Artenbestand. *Quercus castaneifolia* tritt z. B. noch an der Ostgrenze der Gebüsche als Strauch mitbestimmend auf. An ungünstigeren Biotopen ist die floristische Zusammensetzung in der unten angegebenen Vielschichtigkeit zu beobachten. Wir unterscheiden daher zwei Gebüschgesellschaften: eine, die durch die Baumarten gekennzeichnet ist und sich direkt an den Wald anschließt und eine zweite, die aus strauchförmigen Arten aufgebaut ist.

In der zweiten Gebüschgesellschaft weist *Acer monspessulanum* eine etwas höhere Frequenz als die anderen Arten auf, kann aber noch nicht als dominant bezeichnet werden. In den Gebüschstreifen bei Kašānak dominiert *Loni-*

cera floribunda; an Standorten, an denen eine starke Degradation erfolgt ist, überwiegt *Paliurus spina-christi.*

Diese Gebüschgesellschaft setzt sich aus folgenden Arten zusammen: *Acer campestre, A. cappadocicum, A. monspessulanum* ssp. *turcomanicum, Berberis* spec., *Celtis caucasica, Cerasus avium, C. microcarpa, C. pseudoprostrata, Colutea persica, Cornus australis, Cotoneaster nummularioides, C.* spec., *Crataegus ambigua, C. meyeri, Euonymus velutina, Ephedra* spec., *Fraxinus excelsior* ssp. *coriariifolia, Lonicera floribunda, Mespilus germanica, Paliurus spina-christi, Prunus divaricata, Pyrus boissieriana, Quercus castaneifolia, Rhamnus* spec., *Rosa* spp., *Ulmus carpinifolia.*

Soweit die Gebüsche reichen, dringen eine Anzahl von pleurokarpen Laubmoosen wie *Homalothecium lutescens* und *Hypnum cupressiforme,* von den Farnen *Cheilanthes persica* und *Asplenium ruta-muraria* vor.

6.6 *Kältekahles Gebüsch der subalpinen Stufe (7.22)*

Am Kūh-e 'Alūw Bāġ-Nordhang und am Kūh-e Āq Mazār geht der *Kältekahle montane Wald (2.22)* in etwa 1850 m Höhe in ein *Kältekahles Gebüsch der subalpinen Stufe* über. An die Waldinseln S von Ġouzak schließt sich diese Formation als schmales Band von etwa 50 Höhenmetern an der Obergrenze des montanen Waldes an. Dieses konnte auf Karte 6 nicht dargestellt werden.

Der Artenbestand setzt sich aus Arten des montanen Waldes zusammen. *Quercus castaneifolia* und die *Carpinus*-Arten werden buschförmig. Die Baumgrenze ist gegenüber dem Zentralborz im Arbeitsgebiet stark herabgedrückt. Während sie dort bei etwa 2600 m liegt, fällt sie im Arbeitsgebiet in W- und N-Exposition auf 1800 – 1900 m ab. In S-Exposition dürfte sie bei etwa 2100 m liegen.

6.7 *Kältekahl-immergrünes Gebüsch des Tieflandes und der montanen Stufe (7.11)*

Bei weiter abnehmenden Niederschlägen und sinkenden Minima während der Wintermonate schließt sich an das *Kältekahle Gebüsch* ein *Kältekahl-immergrünes Gebüsch des Tieflandes und der montanen Stufe* an. Es handelt sich um eine Übergangsformation zwischen dem *Kältekahlen Gebüsch des Tieflandes und der montanen Stufe (7.21)* und dem *Kälteharten immergrünen offenen Nadelwald (3.32)* (*Juniperus*-Offenwald) einerseits und dem *Kältekahlen Gebüsch* und den *Zwergstrauchreichen Formationen* andererseits.

Am Oberlauf des Rūd-e Mādarsū bildet diese Formation den Übergang zum *Juniperus*-Offenwald, im Rešte-ye Allāh Dāġ den Übergang zu den gehölzfreien Formationen. Sie nimmt dort an der Ostgrenze der Wälder und Gebüsche große Bereiche ein.

Unter den laubwerfenden Sträuchern und Büschen sind an feuchten Biotopen fast alle Arten des *Kältekahlen Gebüsches* vorhanden. An trockenen überwiegen *Acer monspessulanum* ssp. *turcomanicum, Celtis australis, Rhamnus* spec., *Lonicera floribunda, Berberis* spec., *Zygophyllum atriplicoides, Ulmus carpinifolia* und *Cotoneaster nummularioides. Celtis caucasica, Ulmus carpinifolia, Pyrus* spec., *Cotoneaster nummularioides* und *Rhamnus* spec. dringen am weitesten nach Osten vor. Sie wurden noch 10 km westlich von Boğnūrd in Felsspalten gefunden. *Berberis* spec., *Amygdalus spinosissima* und *Rosa* spec. bilden auf der Länge von Boğnūrd auf der S-Abdachung zwischen 1800 m und 1500 m noch Gebüschflecken aus (Vegetationseinheit Nr. 10 *Amygdalus reuteri, Berberis, Crataegus* von TREGUBOV/MOBAYEN 1970). Als immergrüne Art tritt neben *Juniperus communis* ssp. *communis* vor allem *J. excelsa* auf, die in den Gebüschen etwa 2 m Höhe erreicht.

6.8 *Kältekahl-immergrünes Gebüsch der subalpinen Stufe (7.12)*

Das *Kältekahl-immergrüne Gebüsch der subalpinen Stufe* ist auf die Nordabdachung des Rešte-ye Allāh Dāġ südlich von Ġouzak (s. Vegetationsprofil 2, Abb. 7) und auf die Südabstürze des Punktes 2404 dieses Gebirgszuges beschränkt.

Am Nordhang des Rešte-ye Allāh Dāġ dringt in etwa 1850 m Höhe *Juniperus communis* ssp. *communis* als immergrüne Art in das *Kältekahle Gebüsch der subalpinen Stufe (7.22)* ein. An einigen Stellen wird diese Art flächendeckend, so daß *Immergrüne Nadelgebüsche (6.21)* auftreten.

Südlich von Ġouzak wurden noch zahlreiche laubwerfende Arten der *Gebüsche des Tieflandes und der montanen Stufe (7.21)* beobachtet, wie *Quercus castaneifolia, Lonicera floribunda, Cotoneaster* spec., *Berberis* spec., *Acer monspessulanum* ssp. *turcomanicum, Rosa* spp., *Mespilus germanica, Rhamnus* spec. u. a.

In den Kammlagen wird das *Kältekahl-immergrüne Gebüsch der subalpinen Stufe* durch Dornpolster ersetzt (Foto 13).

6.9 *Kälteharter immergrüner offener Nadelwald (3.32)* (*Juniperus*-Offenwald) (Fotos 8, 9, 14).

Die *Juniperus*-Offenwälder Nord-Ḫorāsāns gehören zu dem *Juniperus*-Offenwaldband, das von der Türkei bis zum Tien-shan reicht.

Standen die bisher beschriebenen Vegetationseinheiten noch mehr oder weniger stark unter dem Einfluß des Kaspischen Meeres, so sind die folgenden stark vom ariden kontinentalen Klima des Iranischen Hochlandes und des turanischen Gebietes geprägt. Deutlich wird dies beim Vergleich der Nord- und Südseite des Kūh-e ʿAlūw Bāġ. Tritt auf der Nordseite noch geschlossener Laubwald auf, so haben wir auf der Südseite bereits Gebüschformationen, die von *Juniperus excelsa* mitbestimmt werden oder *Juniperus*-Offenwald. Im Osten schließen sich reine *Juniperus*-Offenwälder an.

Aufgrund unserer Beobachtungen nehmen wir im Ḥorāsānischen Gebirgszug etwa 400 mm Jahresniederschlag an. In Boğnūrd wurden im Sommer 39,8° C gemessen, die tiefsten Minima lagen bei – 29,5° C, in Šīrvān sogar bei – 33,5° C (Abb. 3).

Nach eigenen Beobachtungen reicht im Ḥorāsānischen Gebirgszug die Verbreitung des *Juniperus*-Offenwaldes so weit, wie während der Sommermonate – wenigstens zeitweise – feuchte Luftmassen aus dem kaspischen Raum vordringen. Die Berge sind in den Sommermonaten oftmals mit Wolkenkappen bedeckt, die aus dem kaspischen Raum über die begrenzenden Gebirgsketten (Foto 9) herüberdrücken, sich dann aber in den sehr trockenen Hochtälern auflösen. Vielfach fällt mit der Wolkenuntergrenze die Untergrenze des *Juniperus*-Offenwaldes zusammen. Darunter beginnen die charakteristischen Zwerggesträuche des Iranischen Hochlandes.

Während der Sommermonate fallen im Verbreitungsgebiet des *Juniperus*-Offenwaldes geringe Niederschläge (vgl. Abb. 2). Diese und die zeitweise hohe Luftfeuchtigkeit wirken sich günstig auf die Verjüngung des *Juniperus*-Offenwaldes und auf den Unterwuchs aus. Es kommen noch zahlreiche Sträucher des hyrkanischen Gebietes vor. Diese Beobachtungen stimmen mit denen überein, die wir in den *Juniperus*-Offenwaldbeständen Nordafghanistans (FREY/PROBST 1978) machen konnten. Auch dort fallen während der Sommermonate Niederschläge, ohne die eine Verjüngung der Waldbestände nicht möglich wäre.

Im Arbeitsgebiet umgibt der *Juniperus*-Offenwald den Gebüschgürtel am Ostrand des Nationalparks. Nördlich der Straße Tangar-Rebāṭ-e Qarehbīl schiebt sich dieser Offenwald unter das *Kältekahl-immergrüne Gebüsch des Tieflandes und der montanen Stufe (7.11)*, so daß es hier zu folgender vertikaler Abfolge der Vegetationseinheiten kommt: *Xeromorphe offene Zwerggesträuche (9.4), Kälteharter immergrüner offener Nadelwald (3.32), Kältekahl-immergrünes Gebüsch des Tieflandes und der montanen Stufe (7.11), Kältekahles Gebüsch des Tieflandes und der montanen Stufe (7.21), Kältekahler montaner Wald (2.22)*.

Nach Osten treten ausgedehnte Offenwaldbestände auf der Süd- und Nordseite des Kūh-e Kūrḥūd auf. Der Kūh-e Sarāy (2116 m) mit seinen Ausläufern trägt ebenfalls größere Bestände. Die Bergstöcke P 1864, P 2067, P 1960, P 1914 und der Kūh-e Gazan (2435 m) tragen die südlichsten Außenposten. Das östlichste Vorkommen eines *Juniperus*-Offenwaldbestandes im Arbeitsgebiet liegt ungefähr 17 km SE von Boğnūrd in 1500 bis 1700 m Höhe (südexponiert).

Die Untergrenze des Offenwaldes liegt bei Zard in etwa 1400 m Höhe, bei Čaman-e Bīd bei 1650 m. Die Obergrenze ändert sich je nach Exposition. Die Deckung wechselt stark, von nur wenigen Prozent Deckung bei Zard bis zu Beständen mit 30 – 40 % Deckung im Kūh-e Kūrḥūd. Auffallend ist, daß vielfach die S-Hänge, obwohl sie im Regenschatten liegen, einen höheren Dekkungsgrad als die Nordhänge aufweisen. Wahrscheinlich sind hier die Juniperi durch die höhere Wärmemenge in den Wintermonaten begünstigt.

Die *Juniperus*-Offenwälder sind in der Umgebung der Siedlungen stark degradiert. Es findet hier keine Verjüngung der Waldbestände mehr statt. Andererseits hat mit Sicherheit keine zu starke Einschränkung des Waldgebietes stattgefunden. Wir sehen heute überall noch die natürlichen Grenzen dieser Wälder und Gebüsche.

Die Physiognomie dieses Waldes bestimmt *Juniperus excelsa*. An günstigen Biotopen sind noch zahlreiche laubwerfende Sträucher und Büsche eingestreut, wie z. B. *Acer monspessulanum* ssp. *turcomanicum*, *Amygdalus spinosissima* ssp. *turcomanica*, *Berberis* spec., *Celtis caucasica*, *Cerasus pseudoprostrata*, *Colutea persica*, *Cornus australis*, *Cotoneaster nummularioides*, *Crataegus pontica*, *Lonicera floribunda*, *Paliurus spina-christi*, *Prunus divaricata*, *Rhamnus* spp., *Rosa* spp. An trockenen Biotopen fallen diese zunehmend aus; es dringen schirmförmige Astragali in die Formation ein.

Auf die Frage, ob diese *Juniperus*-Offenwälder mit den *Amygdalus-Pistacia*-Gesellschaften zusammengefaßt werden können, wie ZOHARY (1973) es tut, wird in Kap. 10 näher eingegangen.

Einen *Kälteempfindlichen immergrünen offenen Nadelwald (3.31)* wie im zentralen Teil des hyrkanischen Gebietes (z. B. *Cupressus sempervirens*-Offenwald bei Marzan-Ābād) gibt es im Arbeitsgebiet nicht mehr. Im Tal nach Kūndūskū befindet sich der östlichste Standort von *Cupressus sempervirens*.

6.10 Mischformation aus *Kältekahlen offenen Laubwäldern ohne Immergrüne (4.2)* und *Zwergstrauchreichen Formationen i. e. S. (9.)* (*Crataegus*-Baumflur)

Von den Baumarten dringt *Crataegus pontica* am weitesten nach Osten vor. Die östlichsten Vorkommen liegen ungefähr 20 km westlich von Šīrvān an nordexponierten Hängen. Bemerkenswert ist, daß sich die Ausdehnung des Regenfeldbaus mit der Verbreitung von *Crataegus pontica* deckt. Durch die intensive landwirtschaftliche Nutzung wurde der Baumbestand erheblich dezimiert. Wir haben hier eine Parallele zu den Verhältnissen auf der NW-Seite des Ḥwāǧa-Muḥammad-Gebirges in Afghanistan, wo die *Pistacia vera*-Fluren heute weitgehend vernichtet sind und überall Regenfeldbau betrieben wird.

Es fallen mindestens 350 mm Niederschlag im Jahr. In der Paßregion vor Boǧnūrd und am östlichen Ḥorāsānischen Gebirgszug werden die letzten feuchtigkeitsbeladenen Luftmassen aufgestaut, die auch während der Sommermonate geringe Niederschläge bringen. Hierauf sind die *Crataegus*-Bestände zurückzuführen.

Auf der Karte 6 konnte die tatsächliche Verbreitung des Regenfeldbaugebietes nicht eingetragen werden. Es wurde deshalb versucht, die Vegetation zu rekonstruieren, die hier ohne ackerbauliche Maßnahmen unter den heutigen ökologischen Gegebenheiten auftreten würde. Aufgrund von Analogieschlüssen und den Restbeständen der natürlichen Vegetation ist anzunehmen, daß vor allem Zwergsträucher und Hemikryptophyten in diesem *Crataegus*-Offenwald aufträten. Es wird deshalb eine Mischformation aus einem *Kältekahlen offenen Laubwald ohne Immergrüne* und *Zwergstrauchreichen Formationen i. e. S.* aufgeführt.

Die Vegetationsabfolge ist im Vegetationsprofil 3 (Abb. 8) wiedergegeben. Die *Crataegus*-Bestände setzen östlich von Boǧnūrd etwa auf 1400 m ein und reichen bis in 1700 – 1800 m Höhe hinauf. Die Untergrenze deckt sich sehr genau mit der Untergrenze des Regenfeldbaus (Fotos 10, 11).

Unterhalb der *Crataegus*-Bestände bestimmen *Xeromorphe offene Zwerggesträuche* das Bild der Vegetation.

6.11 *Xeromorphe offene Zwerggesträuche (9.4)* und *Xeromorphe offene Zwerggesträuch-Dornpolster-Mischformationen (9.5)*

Flächenmäßig kommt diesen beiden Vegetationseinheiten im Iranischen Hochland eine große Bedeutung zu. Sie überziehen weite Teile des ariden Gebietes. In den zentralen, extrem ariden Teilen gehen sie über *Xeromorphe, sehr offene Zwerggesträuche (9.6)* in die Wüstenformationen über.

Die floristische Zusammensetzung und Differenzierung der beiden Zwergstrauchformationen im Arbeitsgebiet konnten nicht erfaßt werden. Natürliche Übergänge zwischen dem *Juniperus*-Offenwald und den Zwerggesträuchen sind westlich und südlich von Čaman-e Bīd noch sehr gut erhalten (Foto 9).

Die Zwerggesträuche grenzen auf ihrer ganzen Breite an die auslaufenden *Juniperus*-Offenwälder und die Gebüsche bzw. an die *Crataegus pontica*-Bestände an (Fotos 9, 11, 12). In den Höhenlagen sind sie von Dornpolstern durchsetzt; an einigen Stellen treten *Dornpolsterfluren* auf.

Klimatisch ist das Verbreitungsgebiet der Zwerggesträuche durch das extrem kontinentale Klima mit sehr heißen Sommern und kalten Wintern (bis $-30°$ C) charakterisiert.

6.12 *Offene Dornpolsterformationen (10.2)*

Offene Dornpolsterfluren sind im Iranischen Hochland vor allem in der subalpinen Stufe der Gebirge und in degradierten *Juniperus*-Offenwäldern ausdifferenziert.

Im Arbeitsgebiet treten in der subalpinen Stufe Dornpolsterfluren überwiegend in Kammlagen und an südexponierten Hängen östlich von Čaman-e Bīd (Foto 13) und in den teilweise zerstörten *Juniperus*-Offenwäldern des Kūh-e Sarāy (Foto 14) auf. Neben der weiten Verbreitung in der subalpinen Stufe fällt hier besonders der Konkurrenzvorteil in Kammlagen an windgepeitschten, im Winter fast schneefreien Flächen auf. Wir können hier eine ökologische Konvergenz zu der in den europäischen Alpen vorkommenden Alpenazaleen-Windheide (Loisleurietum) erkennen. Die Grenzen zu den Zwerggesträuchen sind vielfach sehr scharf ausgebildet.

Über die äußerst starke floristische Differenzierung konnten im Rahmen dieser Arbeit keine Untersuchungen durchgeführt werden. Es dominieren *Acantholimon*-Arten, im Gegensatz zu den zentralen Teilen des Alborz, wo Astragali und *Onobrychis cornuta* vorherrschen.

7. Vegetationsprofile (Abb. 6, 7, 8)

Der Arbeit sind drei Vegetationsprofile beigegeben. Vegetationsprofil 1 (Abb. 6) gibt einen Schnitt durch das Rūd-e Mādarsū-Tal und den Kūh-e 'Alūw Bāġ wieder, Profil 2 (Abb. 7) verläuft von Ǧouzak nach SSE und Profil 3 (Abb. 8) von Boġnūrd nach SSE.

Die Vegetationseinheiten wurden bereits eingehend besprochen. Ich möchte deshalb nur eine Zusammenfassung geben und Ergänzungen hinzufügen. Die Besprechung erfolgt jeweils von Nord nach Süd.

Vegetationsprofil 1: Kūh-e 'Alūw Bāġ (N-S) (Abb. 6)

An diesem Berg kann exemplarisch der Übergang vom hyrkanischen Waldgebiet zu den Vegetationseinheiten des Iranischen Hochlandes aufgezeigt werden.

Die Vegetation des Rūd-e Mādarsū-Tals ist stark von der Exposition bzw. von der Luv- und Leelage abhängig. Im oberen Rūd-e Mādarsū-Tal stauen sich die feuchten Luftmassen und bringen vor allem in den oberen Lagen hohe Niederschläge und starke Bewölkung.

Am südexponierten, orographisch rechten Talhang des oberen Mādarsū-Tals sind an vielen Stellen die ökologischen Bedingungen für geschlossenen Wald nicht mehr gegeben; es tritt Offenwald auf. Dies ist besonders dort der Fall, wo Fels ansteht. Ich habe hier eine Mischformation aus dem *Kältekahlen montanen Wald* und dem *Kältekahlen montanen offenen Laubwald (2.22/4.22)* eingetragen. Damit werden die ständig wechselnden Deckungsgrade dokumentiert. Gegen den Talgrund nimmt ein *Kältekahles Gebüsch des Tieflandes und der montanen Stufe (7.21)*, bedingt durch den Untergrund, den Bereich zwischen 1000 und 700 m ein.

Der Kūh-e 'Alūw Bāġ-Nordhang trägt geschlossenen Wald. Der *Kältekahle Tieflandswald (2.21)* reicht bis in etwa 1000 m Höhe. Er endet mit der Obergrenze der wärmeliebenden Baumart *Parrotia persica*. Zwischen 1000 und 1850 m Höhe schließt sich der *Kältekahle montane Wald (2.22)* mit zwei Gesellschaften an. Von 1000 bis 1500 m Höhe dominieren die trockenresistenten *Quercus castaneifolia, Carpinus orientalis* und *C. betulus (2.22 a)*. Ab 1500 m tritt eine „Nebelwaldstufe" mit reichem Farnunterwuchs und beherrschender Epiphytenvegetation auf. *Acer-, Ulmus-, Fraxinus-* und *Tilia-*Arten bauen diesen Wald auf *(2.22 b)*. Die Baumgrenze liegt in 1850 m Höhe, etwa 750 m tiefer als im zentralen Alborz. Der Gipfelhang wird von einem *Kältekahlen Gebüsch der subalpinen Stufe (7.22)* eingenommen.

Am Südhang des Kūh-e 'Alūw Bāġ zieht zwischen 2000 und 1700 m ein Waldband entlang. Hier reichen die Feuchtigkeitsverhältnisse nochmals für einen *Kältekahlen montanen Wald (2.22 c)* aus, jedoch jetzt mit der trockenresistenten *Quercus macranthera* und den *Carpinus-*Arten. Nach unten schließt sich, bedingt durch die abnehmende Feuchtigkeit, ein *Kältekahles Gebüsch des Tief-*

Vegetationsprofile

2.2.2 / 4.2.2 Kältekahler montaner Wald und Kältekahler montaner offener Laubwald
Cold-deciduous montane forest and Cold-deciduous broad-leaved montane woodland

7.2.1 Kältekahles Gebüsch des Tieflandes und der montanen Stufe
Cold-deciduous scrub of lowland and montane region

Rūd-e Mādarsū

2.2.1 Kältekahler Tieflandswald
Cold-deciduous lowland forest

2.2.2a / **2.2.2b** Kältekahler montaner Wald
Cold-deciduous montane forest
(a, b, c Gesellschaften, vgl. Text)

Kūh-e 'Alūw Bāġ 2157 m

7.2.2 Kältekahles Gebüsch der subalpinen Stufe
Cold-deciduous subalpine scrub

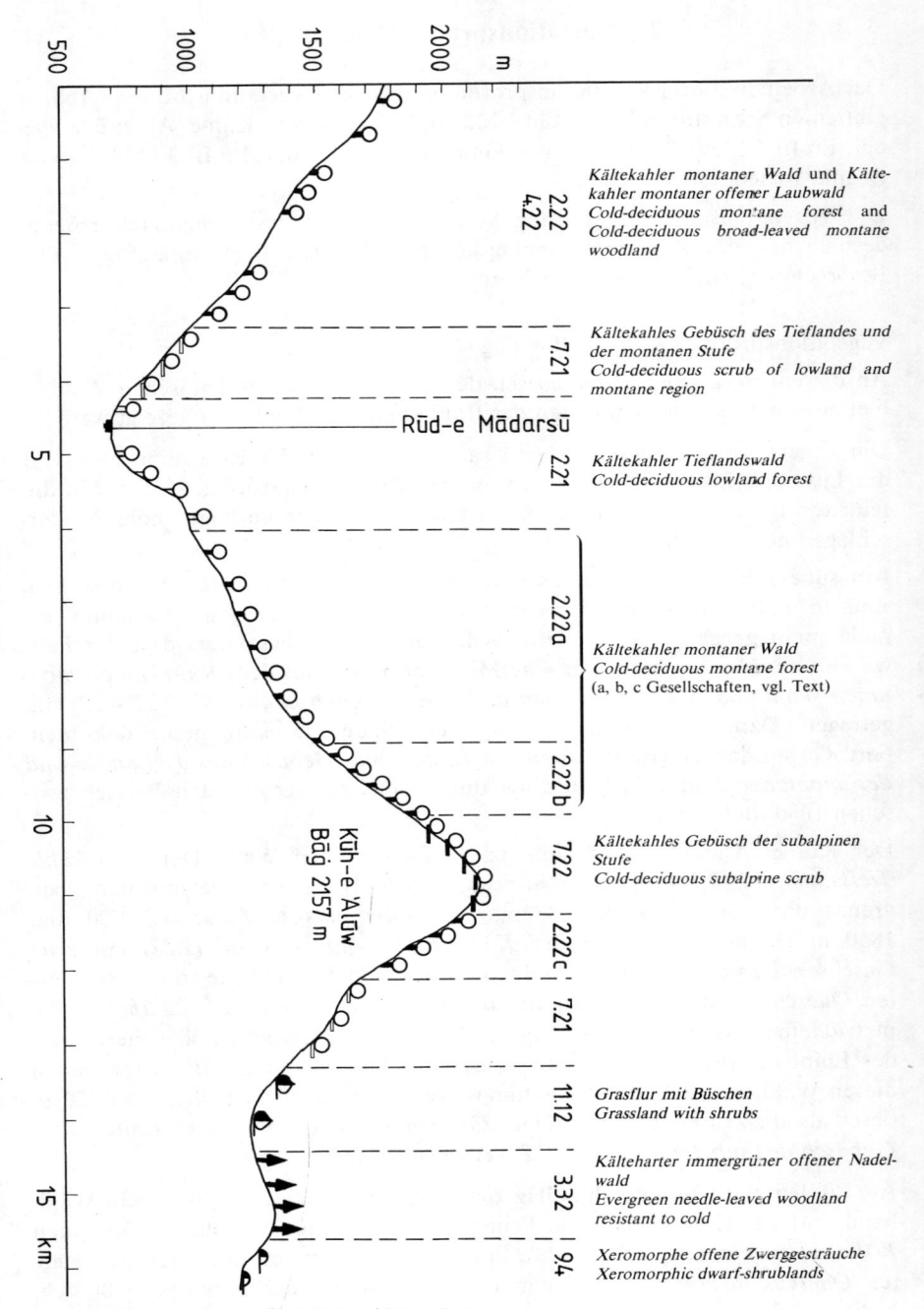

2.2.2c

7.2.1

11.1.2 Grasflur mit Büschen
Grassland with shrubs

3.3.2 Kälteharter immergrüner offener Nadelwald
Evergreen needle-leaved woodland resistant to cold

9.4 Xeromorphe offene Zwerggesträuche
Xeromorphic dwarf-shrublands

Abb. 6: Vegetationsprofil 1 Kūh-e 'Alūw Bāġ

landes und der montanen Stufe (7.21) an. Den Übergang zum *Kälteharten immergrünen offenen Nadelwald (3.32) (Juniperus-*Offenwald) bildet eine *Grasflur mit Büschen (11.12).* Im übrigen Gebiet ist es ein *Kältekahl-immergrünes Gebüsch (7.11).* Der *Juniperus*-Offenwald leitet zu den zwergstrauchreichen Formationen des Iranischen Hochlandes, die sich nach Süden anschließen, über.

Vegetationsprofil 2: Ǧouzak (NNW-SSE) (Abb. 7)

Dieses Profil erfaßt die östlichsten Eichenwälder im Arbeitsgebiet.

Am Nordhang des Rešte-ye Yaman Dāġ schließt sich an die Zwerggesträuche bei Ǧouzak bis in 1400 m Höhe ein *Kältekahl-immergrünes Gebüsch des Tieflandes und der montanen Stufe (7.11)* an. Die bestimmenden laubwerfenden Arten sind *Acer monspessulanum* ssp. *turcomanicum, Cotoneaster* spec., *Paliurus spina-christi, Colutea persica,* die immergrünen *Juniperus excelsa* und *J. communis* ssp. *communis.* Aufgrund der humideren Bedingungen fallen nach oben die *Juniperus*-Arten aus. Das *Kältekahl-immergrüne Gebüsch* geht in ein *Kältekahles Gebüsch des Tieflandes und der montanen Stufe (7.21)* über. Der Artenbestand ist sehr differenziert und wird in Kap. 6.7 beschrieben.

Die *Dornpolsterformation (10.2)* am Südhang des Rešte-ye Yaman Dāġ ist als Degradationsprodukt aufzufassen.

Am Nordhang des Rešte-ye Allāh Dāġ folgen bis in 1850 m Höhe *Quercus castaneifolia*-Bestände *(Kältekahler montaner Wald, 2.22).* Dort geht der Wald über ein *Kältekahles Gebüsch der subalpinen Stufe (7.22)* in ein *Kältekahl-immergrünes Gebüsch der subalpinen Stufe (7.12)* über. Im letzteren kann *Juniperus communis* ssp. *communis* größere Flächen überziehen. Die Kammregion wird von einer *Offenen Dornpolsterformation (10.2)* eingenommen.

Der Südabhang des Rešte-ye Allāh Dāġ zeigt den Übergang zu den *Xeromorphen offenen Zwerggesträuchen (9.4).* Im oberen Bereich treten noch Gebüschflecken und im mittleren kleine *Juniperus excelsa*-Inseln auf. Die Deckung ist jedoch gering.

Vegetationsprofil 3: Boǧnūrd (NNW-SSE) (Abb. 8)

Profil 3 liegt gerade noch in dem Bereich, der von den südkaspischen Luftmassen erreicht wird. Als Baum tritt nur noch *Crataegus pontica* auf.

Am Ḥorāsānischen Gebirgszug S von Boǧnūrd (1100 m) nehmen *Xeromorphe offene Zwerggesträuche (9.4)* die unterste Stufe bis in 1400 bis 1500 m Höhe ein. Eingestreut sind hier *Amygdalus spinosissima* ssp. *turcomanica* und *Cerasus pseudoprostrata.* Zwischen 1400 und 1800 m Höhe bildet *Crataegus pontica* lichte Bestände. Diese sind vielfach zerstört, da intensiver Regenfeldbau betrieben wird. Aufgrund von Analogieschlüssen wurde hier eine Mischformation aus einem *Kältekahlen offenen Laubwald ohne Immergrüne (4.2)* und *Zwergstrauchreichen Formationen i. e. S. (9.)* eingetragen. Im Bereich des Vegeta-

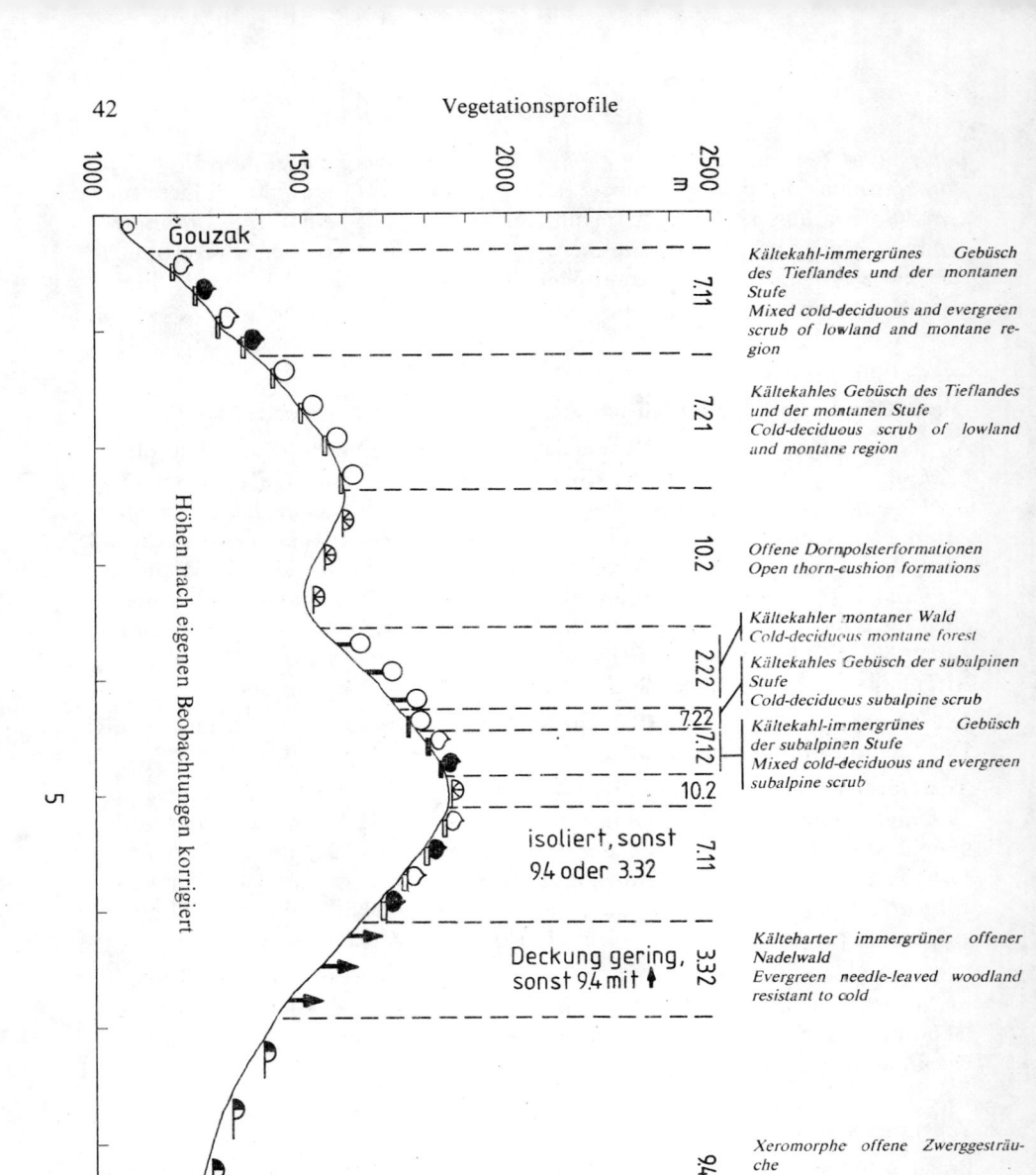

42 Vegetationsprofile

Kältekahl-immergrünes Gebüsch des Tieflandes und der montanen Stufe
Mixed cold-deciduous and evergreen scrub of lowland and montane region

Kältekahles Gebüsch des Tieflandes und der montanen Stufe
Cold-deciduous scrub of lowland and montane region

Offene Dornpolsterformationen
Open thorn-cushion formations

Kältekahler montaner Wald
Cold-deciduous montane forest

Kältekahles Gebüsch der subalpinen Stufe
Cold-deciduous subalpine scrub

Kältekahl-immergrünes Gebüsch der subalpinen Stufe
Mixed cold-deciduous and evergreen subalpine scrub

Kälteharter immergrüner offener Nadelwald
Evergreen needle-leaved woodland resistant to cold

Xeromorphe offene Zwerggesträuche
Xeromorphic dwarf-shrublands

Höhen nach eigenen Beobachtungen korrigiert

isoliert, sonst 9.4 oder 3.32

Deckung gering, sonst 9.4 mit ↑

Abb. 7: Vegetationsprofil 2 Ğouzak (NNW-SSE)

Vegetationsprofile

Xeromorphe offene Zwerggesträuche
Xeromorphic dwarf-shrublands

Mischformation aus *Kältekahlen offenen Laubwäldern ohne Immergrüne* und *Zwergstrauchreichen Formationen i. e. S.*
Mixed formation of *Cold-deciduous broad-leaved woodlands without evergreens* and *Dwarf-scrub in the proper sense*

Regenfeldbau
Not-irrigated arable land

Xeromorphe offene Zwerggesträuch-Dornpolster-Mischformationen
Xeromorphic dwarf-shrublands with thorn-cushions

Kältekahles Gebüsch des Tieflandes und der montanen Stufe
Cold-deciduous scrub of lowland and montane region

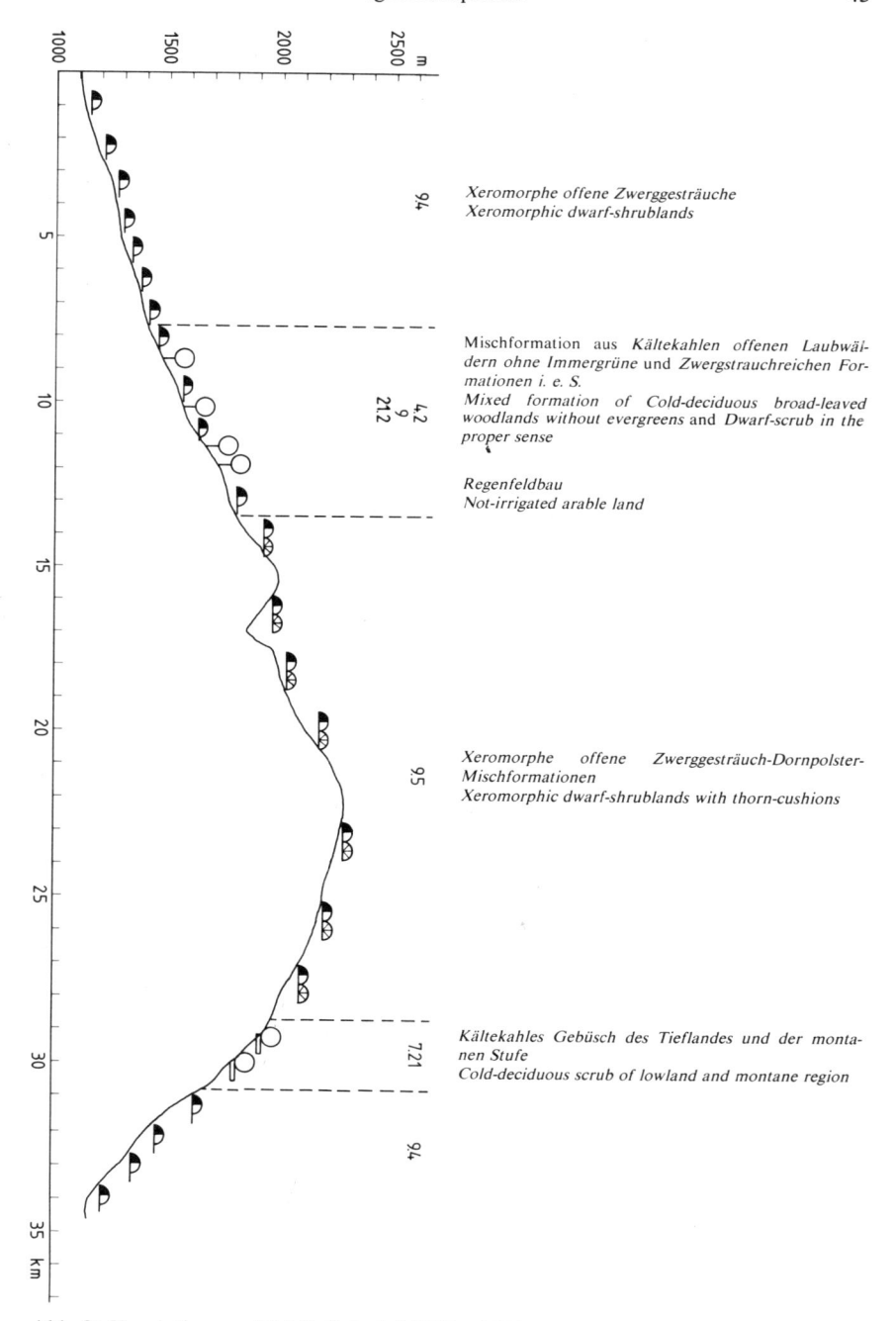

Abb. 8: Vegetationsprofil 3 Boğnūrd (NNW – SSE)

tionsprofils werden die Hochlagen von *Xeromorphen offenen Zwerggesträuch-Dornpolster-Mischformationen (9.5)* eingenommen.

Am Südabfall treten zwischen 1900 und 1650 m fleckenartig nochmals *Kältekahle Gebüsche des Tieflandes und der montanen Stufe (7.21)* mit *Berberis* spec. und *Rosa* spp. als dominierenden Arten auf. *Juniperus excelsa* und *Crataegus pontica* sind hier nur vereinzelt zu finden. In den untersten Lagen dominieren wiederum *Xeromorphe offene Zwerggesträuche (9.4)*, wobei an vielen Stellen *Hultemia persica* bestimmend auftritt.

8. Ostgrenze verschiedener Baum- und Gebüscharten in NW- und N-Ḫorāsān

Im Arbeitsgebiet erreichen zahlreiche Bäume und Sträucher des hyrkanischen Waldes und der hyrkanischen Gebüsche ihre östliche Verbreitungsgrenze. Sie fallen aufgrund der abnehmenden Feuchtigkeit und der tiefen Wintertemperaturen aus.

Acer campestre, A. platanoides, A. velutinum, Alnus subcordata, Cupressus sempervirens, Danae racemosa, Diospyros lotus, Ilex spinigera, Parrotia persica, Platanus orientalis, Pterocarya fraxinifolia, Quercus macranthera, Sorbus orientalis, Tilia spp. und *Zelkova carpinifolia* dringen bis an den Oberlauf des Rūd-e Mādarsū vor. Nur *Carpinus betulus, C. orientalis, Cerasus avium, Fraxinus excelsior* ssp. *coriariifolia, Malus orientalis, Pyrus boissieriana* und *Quercus castaneifolia* schaffen den Sprung über das Trockental von Rebāṭ-e Qarehbīl.

Für die meisten der gebüschbildenden Arten verläuft die Ostgrenze bei Mehmānak. Bis vor Boǧnūrd gehen *Celtis caucasica, Pyrus boissieriana* und *Ulmus carpinifolia. Crataegus pontica* dringt bis westlich von Šīrvān vor, *Acer monspessulanum* ssp. *turcomanicum* bis vor Qūčān.

In dieser Übersicht wurden die Arten der Gattungen *Berberis, Cotoneaster, Colutea* und *Rosa* nicht erfaßt.

9. Die pflanzengeographische Stellung der Gehölzflora NW-Ḫorāsāns

In NW-Ḫorāsān verzahnen sich die östlichen Ausläufer der Kaukasisch-euxinisch-hyrkanischen Provinz[1]) der Eurosibirischen Florenregion und die Iranoafghanische Provinz der Irano-turanischen Florenregion. Im Norden strahlen Elemente der Turanischen Provinz der Irano-turanischen Region ein (Karte 4).

Der hyrkanische Distrikt der Kaukasisch-euxinisch-hyrkanischen Provinz ist charakterisiert durch *Kältekahle Laubwälder* (Hyrkanischer Tieflands- und Bergwald) und in den Randbereichen durch *Kältekahle* und *Kältekahl-immergrüne Gebüsche*. Sie enthalten Relikte der arkto-tertiären und indomalayischen Flora, die in diesem südkaspischen Gebiet die Kaltzeiten des Pleistozäns überdauert oder sich dort sekundär entfaltet haben.

Am Ostrand des Waldgebietes ist noch ein typischer hyrkanischer Tieflands- und Bergwald mit den charakteristischen Leitarten vorhanden. Nur die am meisten Wärme und Feuchtigkeit benötigenden Arten sind ausgefallen.

Der größte Teil der östlichen Baum- und Gebüscharten, wie *Prunus* spp., *Cerasus* spp., *Mespilus germanica, Acer cappadocicum, Celtis caucasica, Ulmus carpinifolia, Cornus australis, Crataegus pontica, Fraxinus excelsior, Juniperus communis, Malus orientalis, Cotoneaster* spp., gehört dem hyrkanischen arktotertiären Grundstock an. Nur *Amygdalus spinosissima* ssp. *turcomanica* und *Juniperus excelsa* können wir, obwohl arkto-tertiärer Abstammung, heute als irano-turanische Arten betrachten. Turanische Einsprenglinge sind die vorkommenden *Ephedra*-Arten.

In den Waldinseln und Gebüschformationen NW-Ḫorāsāns haben wir die letzten Außenposten der Vegetation des hyrkanischen Gebietes vor uns. Die *Juniperus*-Offenwälder und die *Zwergstrauchreichen Formationen* sind irano-turanische Vegetationseinheiten.

---

[1]) ZOHARY (1973, Karte 6 und S. 82) faßt die Steppengebiete um das Schwarze Meer (Pontische Provinz i. e. S., Steppenregion, Wiesen- und Federgrassteppen) und das kaukasisch-euxinisch-hyrkanische Waldgebiet in der Pontischen Provinz zusammen. Ich teile aus floren- und vegetationsgeschichtlichen Überlegungen diese Auffassung nicht. In das kaukasisch-euxinisch-hyrkanische Gebiet zogen sich während der Kaltzeiten die Reste der arkto-tertiären Flora zurück und überdauerten dort. Floristisch sind die Steppen- und Waldgebiete äußerst verschieden. Daher ist es angebrachter, das Gebiet, das vom kaukasisch-euxinisch-hyrkanischen Wald eingenommen wird, als eigene Provinz (Kaukasisch-euxinisch-hyrkanische Provinz) der Eurosibirischen Florenregion von der Pontischen Provinz im Sinne von ZOHARY (1973) abzutrennen. Hiermit wird seiner Sonderstellung Rechnung getragen. Für den Nordteil ist ein neuer Provinzname einzuführen.

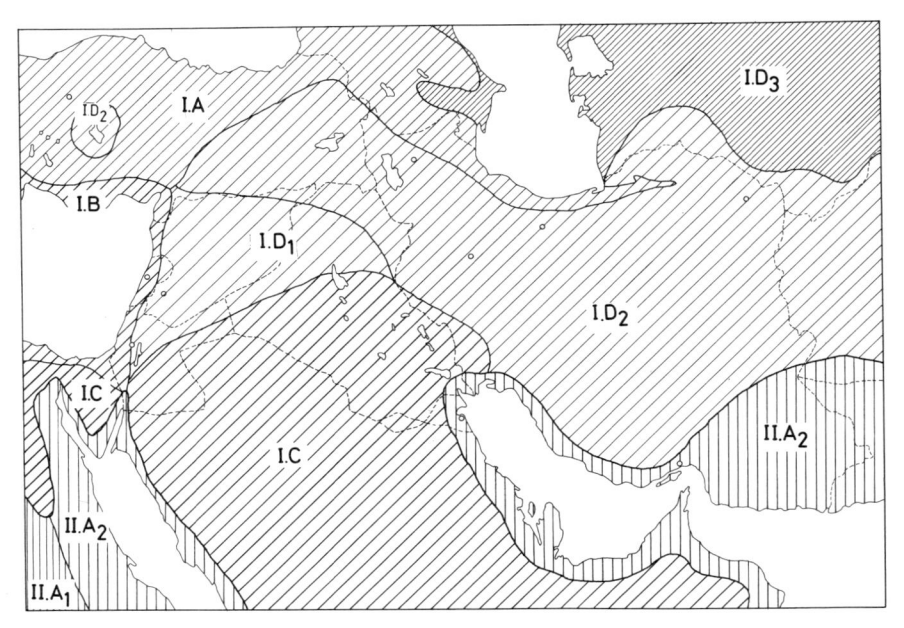

Holarktische Floreneinheiten:

I.A   Kaukasisch-euxinisch-hyrkanische Provinz der Euro-sibirischen Region
I.B   Mediterrane Region
I.C   Östliche Saharo-arabische Unterregion der Saharo-arabischen Region
$I.D_1$ Mesopotamische Provinz der Irano-turanischen Region
$I.D_2$ Irano-afghanische Provinz der Irano-turanischen Region
$I.D_3$ Turanische Provinz (Mittelasiatische Provinz) der Irano-turanischen Region

Paläotropische Floreneinheiten:

$II.A_1$ Sahelo-sudanische Provinz der Sudanischen Region
$II.A_2$ Nubisch-sindische Provinz der Sudanischen Region

Karte 4: Florenreiche, Florenregionen und -provinzen in Iran (bzw. im gesamten Vorderen Orient) (Nach ZOHARY 1973, p. 81, verändert)

10. Ergänzende Bemerkungen

Am Ostrand des hyrkanischen Waldgebietes überrascht die Vielfalt der Vegetationseinheiten. Dem Tieflandswald fehlen nur die am meisten Feuchtigkeit und Wärme beanspruchenden Arten; der Bergwald stellt sich als ein noch in drei Gesellschaften einteilbarer Wald dar. Diese Differenzierung läßt sich auf die günstigen klima-orographischen Bedingungen im oberen Mādarsū-Tal zurückführen. Der Übergang zu den Vegetationseinheiten des Iranischen Hochlandes ist besonders am Kūh-e ʿAlūw Bāġ und am Kūh-e Āq Mazār sehr scharf ausgeprägt.

In dieser Region sind heute noch vielfach natürliche Übergänge vom Wald zu den gehölzfreien Vegetationseinheiten vorhanden. Diese sind in den Vegetationskarten 5 und 6 dargestellt und lassen sich wie folgt beschreiben:

Der Bergwald überlappt den Tieflandswald an seinem Ostrand, da dieser durch den Einfluß der Kaltluftmassen aus dem Iranischen Hochland scharf begrenzt wird und die Obergrenze deutlich herabgedrückt ist. Mit der nach Osten zu abnehmenden Feuchtigkeit in der Bergwaldstufe tritt folgender Übergang zwischen dem *Kältekahlen montanen Wald* und den *Zwergstrauchreichen Formationen* in horizontaler Abfolge auf:

Kältekahler montaner Wald → *Kältekahle Gebüsche* → *Kältekahl-immergrüne Gebüsche* → *Kälteharter immergrüner offener Nadelwald (Juniperus-Offenwald)* → *Zwergstrauchreiche Formationen.*

Die *Kältekahlen* und *Kältekahl-immergrünen Gebüsche* sind Übergangsformationen zu dem bereits zur irano-turanischen Vegetation gehörenden *Juniperus*-Offenwald. Mit zunehmender Aridität fällt auch der *Juniperus*-Offenwald aus. Es treten dann Zwerggesträuche auf, die zu den *Xeromorphen, sehr offenen Zwerggesträuchen* des inneren Teils des Iranischen Hochlandes und zu den eigentlichen Wüstengebieten überleiten. Bei sehr scharf ausgeprägten Übergängen fällt der *Juniperus*-Offenwald als Übergangsformation aus.

Die obere Baum- und Waldgrenze ist im westlichen und zentralen Teil des Alborz eine Trockengrenze, am Ostrand des hyrkanischen Waldgebietes je nach Lage eine Trocken- oder Kältegrenze. Am Kūh-e ʿAlūw Bāġ, am Kūh-e Āq Mazār und im Reste-ye Allāh Dāġ südlich von Ġouzak wird in 1850 m Höhe die kältebedingte Baumgrenze erreicht. Sie liegt hier um 750 m tiefer als im westlichen und zentralen Teil. Dies ist mit den sehr tiefen Winterminima in den östlichen Randbereichen zu erklären. Die untere Wald- und Baumgrenze am Kūh-e ʿAlūw Bāġ, östlich des Rūd-e Kūrkoulī und an den östlichen Waldinseln des Reste-ye Yaman Dāġ ist eine Trockengrenze.

Bei den waldbildenden Arten fällt besonders die ökologische Konstitution der im hyrkanischen Waldgebiet endemischen *Quercus castaneifolia* auf. Diese Art charakterisiert mit den Tieflandswald, kommt im Bergwald vor und ist die alleinige waldbildende Art in den Waldinseln östlich von Ǧouzak. Während im Bereich des Tieflandswaldes nur kurzfristige winterliche Minima von höchstens − 10° C auftreten, sind in den Waldinseln Tiefstwerte von − 30° C keine Seltenheit. Die Jahresniederschläge betragen im zentralen Teil des hyrkanischen Waldgebietes über 1000 mm, die Niederschläge in den Sommermonaten noch bis zu 100 mm. In den Waldinseln dürften dagegen nur noch 600 mm Jahresniederschlag fallen, in den Sommermonaten höchstens 20 mm. *Quercus castaneifolia*, dieser Abkömmling der arkto-tertiären Flora, hat sich einerseits hervorragend an die Bedingungen im südkaspischen Raum angepaßt und vermag trotzdem noch in Gebiete mit relativ geringen Jahres- und Sommerniederschlägen und tiefen Wintertemperaturen vorzudringen. Es ist zu prüfen, ob sich diese Art in ökologische Rassen aufgespalten hat.

Nach der heutigen Kenntnis der Offenwälder Nord- und Südirans und Afghanistans teile ich nicht mehr die Auffassung von ZOHARY (1973, p. 583), der die *Juniperus*-Offenwälder und die *Pistacia-Amygdalus*-Fluren zu den *Juniperus-Pistacia-Amygdalus*-Steppe-Scrub, dem sogenannten Junipero-Pistacieta, zusammenfaßt. Die Trennung dieser beiden Einheiten spricht ZOHARY (1973, p. 197) an. Sie ist wenigstens für die Region des Iranischen Hochlandes durchzuführen. Die ökologischen Ansprüche der diese beiden Vegetationseinheiten aufbauenden Arten sind so verschieden, daß wir sie auch in pflanzensoziologischem Sinne trennen müssen. Reine *Juniperus*-Offenwälder, wie die von NW-Ḫorāsān sind an Gebiete mit tiefen winterlichen Minima (bis − 30° C) und unregelmäßig fallenden Niederschlägen oder teilweise höhere Luftfeuchtigkeit gebunden. Die *Amygdalus-Pistacia*-Fluren benötigen höhere Wintertemperaturen und Niederschläge, die weit in den Frühsommer hinein fallen. Diese Aussagen stützen sich auch auf die Beobachtungen über die *Pistacia vera*-Baumfluren und *Juniperus*-Offenwälder Nordafghanistans.

Die im Arbeitsgebiet beobachteten Wald- und Gebüschgrenzen sind, wie erwähnt, vielfach natürlich. In der Umgebung der Siedlungen hat der Mensch die Wälder und Gebüsche jedoch so weit vernichtet, daß das Aufkommen von Jungwuchs nicht mehr möglich ist. Mit Sicherheit sind auch die Offenwälder durch Brennholzentnahme und Überweidung in sich stark gelichtet worden. Jedoch dürften sich die Wald- und Gebüschgrenzen nur geringfügig geändert haben. Wir kommen heute immer mehr zu der Auffassung, daß im Iranischen Hochland wohl eine starke Degradation der Wälder und Gebüsche stattgefunden hat, sich aber unter natürlichen Verhältnissen die Wald- und Gebüschgebiete nur unwesentlich über die heutigen Grenzen ausdehnen würden. Unsere Beobachtungen in NW-Ḫorāsān, im Arjan-Nationalpark in Südiran und in Nordafghanistan (FREY/PROBST 1978) stützen diese Auffassung.

11. Zusammenfassung

1. In der vorliegenden Arbeit wird die Wald- und Gebüschverbreitung in NW-Ḥorāsān zwischen Tangar und Šīrvān östlich von Boǧnūrd dargestellt. Es ist das Gebiet der östlichen Alborzausläufer und des bis Šīrvān reichenden Teils des Ḥorāsānischen Gebirgszuges. Dieses Beiheft dient zugleich als Erläuterungsband für die im Tübinger Atlas des Vorderen Orients erscheinende Vegetationskarte „Elburz (Iran). Ostgrenze des Kaspischen Waldgebietes".

   Eine Karte über die Verbreitung der Wälder und Gebüsche ist im Anhang beigegeben.

2. Klimadaten sind nur von den Stationen Šāhpasand im Westen und Boǧnūrd im Osten bekannt. Das dazwischenliegende Gebiet liegt im Übergangsbereich zwischen dem feuchten warm-gemäßigten Klimagebiet des südkaspischen Raumes und dem sommerheißen und winterkalten extrem kontinentalen Klimagebiet des Iranischen Hochlandes. Aufgrund der Vegetationsverhältnisse sind von diesem Übergangsbereich Rückschlüsse auf das Klima möglich.

   Der westliche Teil des Untersuchungsgebietes steht noch ganz unter dem Einfluß des südkaspischen Raumes. Nach Osten nehmen die Niederschlagswerte ab. Östlich von Čaman-e Bīd, zwischen Ǧouzak und Mehmānak, stauen sich nochmals feuchte Luftmassen, die nördlich am Kūh-e Kūrḫūd-Massiv vorbeigezogen sind, und bringen hohe Luftfeuchtigkeit und Niederschläge. Die *Quercus castaneifolia*-Waldinseln bei Ǧouzak und Mehmānak sind hierauf zurückzuführen. In der Paßregion vor Boǧnūrd kommt es nochmals zu einem Stau und zur Ausbildung von *Crataegus*-Inseln. Nach Osten zu fallen dann die Niederschlagswerte in den Tallagen auf nahezu 200 mm im Jahr ab.

3. Der *Kältekahle Tieflandswald* (Hyrkanischer Tieflandswald) *(2.21)* erreicht mit seinen Leitarten *Parrotia persica, Pterocarya fraxinifolia, Zelkova carpinifolia, Alnus subcordata* und *Diospyros lotus* den Oberlauf des Rūd-e Mādarsū und reicht dort bis in 1000 m Höhe hinauf. Die sehr wärme- und feuchtigkeitsliebenden Arten *Gleditsia caspica* und *Albizia julibrissin* sind weiter westlich ausgefallen.

   Der *Kältekahle montane Wald* (Hyrkanischer Bergwald) *(2.22)* gliedert sich am Nord- und Südhang des Kūh-e ʿAlūw Bāġ in 3 Gesellschaften. Von 1000 bis 1500 m tritt eine trockene Variante mit *Quercus castaneifolia, Carpinus betulus* und *C. orientalis* auf, von 1500 bis 1800 m eine feuchte Variante, die einer „Nebelwaldstufe" entspricht. Auf der trockenen Südseite dominieren in einem Waldband zwischen 1700 und 2000 m die trockenresistente *Quercus macranthera* und die beiden *Carpinus*-Arten.

In den an den nordseitig gerichteten Berghängen bei Ǧouzak, Kašānak und Mehmānak auftretenden Waldinseln dominiert als allein waldbildende Art *Quercus castaneifolia*. Nur noch wenige weitere Baumarten, wie *Fraxinus excelsior*, *Pyrus* spec., *Malus orientalis* und *Ulmus carpinifolia*, sind hier vertreten. Die Waldinseln sind auf die günstigen klimatischen Bedingungen zurückzuführen (s. 2.).

Die Wald- und Baumgrenze ist in der Gipfelregion von Kūh-e 'Alūw Bāġ und Kūh-e Āq Mazār eine Kältegrenze. Sie liegt etwa 750 m tiefer als im Zentralalborz. Am Südhang des Kūh-e 'Alūw Bāġ und mit den abnehmenden Niederschlägen nach Osten zu ist sie eine Trockengrenze.

Mit abnehmenden Niederschlägen, vor allem in den Sommermonaten, geht der Wald in tiefen Lagen nach Osten zu über *Kältekahle Gebüsche (7.2)* und *Kältekahl-immergrüne Gebüsche (7.1)* in den *Kälteharten immergrünen offenen Nadelwald (Juniperus-Offenwald) (3.32)* über. Die beiden Gebüschformationen stellen Übergangsformationen dar. In den Gebüschen kommen an laubwerfenden Arten vor allem die Arten des hyrkanischen Raumes vor, an immergrünen *Juniperus excelsa*, seltener *J. communis* ssp. *communis*. Die Gebüsche umgeben auch die Waldinseln östlich von Čaman-e Bīd. Dort tritt in höheren Lagen oberhalb der Waldgrenze ein *Kältekahl-immergrünes Gebüsch der subalpinen Stufe (7.12)* auf, in dem *Juniperus communis* ssp. *communis* dominiert.

Der *Kälteharte immergrüne offene Nadelwald (Juniperus-Offenwald) (3.32)* nimmt weite Gebiete ein. Bestimmende Art ist die trockenresistente *Juniperus excelsa*. Im Verbreitungsgebiet des *Juniperus*-Offenwaldes treten bereits sehr tiefe Wintertemperaturen auf. Geringe Sommerniederschläge bzw. zeitweise hohe Luftfeuchtigkeit sind zur Verjüngung der Bestände notwendig. Viele Arten der Gebüsche dringen an klimatisch günstigen Standorten in den *Juniperus*-Offenwald ein.

Crataegus pontica-Bestände dringen am weitesten nach Osten, bis etwa 20 km W von Šīrvān, vor. Ihre Verbreitung deckt sich genau mit dem Regenfeldbaugebiet.

Bei weiter abnehmenden Niederschlägen, die nicht mehr zum Wald- und Gebüschwuchs ausreichen, treten in tiefen Lagen *Xeromorphe offene Zwerggesträuche (9.4)* auf, in den Hochlagen (subalpine Stufe) kommen Dornpolster hinzu *(Xeromorphe offene Zwerggesträuch-Dornpolster-Mischformationen 9.5)*. *Offene Dornpolsterformationen (10.2)* sind vor allem in Kammlagen und in den degradierten *Juniperus*-Offenwäldern ausgebildet.

4. In einem Abschnitt wird auf die pflanzengeographische Stellung der Wald- und Gebüschflora NW-Ḥorāsāns eingegangen. Die Mehrzahl der Arten

gehört dem hyrkanischen Grundstock an. Eine neue Provinz, die Kaukasisch-euxinisch-hyrkanische Provinz der Eurosibirischen Florenregion, wird aufgestellt.

5. Die *Juniperus*-Offenwälder und *Pistacia amygdalus*-Fluren Irans, die ZOHARY (1973) als Junipero-Pistacietea zusammenfaßt, sind aufgrund ökologischer und floristischer Kriterien zu trennen.

6. Der Arbeit sind 2 Vegetationskarten und 3 Vegetationsprofile beigegeben.

11. Summary

1. In this study the distribution of forest and scrub is described in northwest Ḫorāsān between Tangar and Šīrvān, which is situated east of Boǧnūrd. The area includes the eastern branches of the Elburz Mountains and the Ḫorāsān mountain range as far as Šīrvān. This supplement is also meant to serve as an explanatory volume for the vegetation map „Elburz (Iran). Eastern Boundary of the Caspian Forest Region" in the Tübingen Atlas of the Middle East.

   A map showing the distribution of forest and scrub is included in the Appendix.

2. Climatic data are known only for the stations Šāhpasand in the west and Boǧnūrd in the east. The area between these two stations is in the transition zone between the humid, warm-moderate southern Caspian region and the extreme continental climatic region of the Iranian highlands with cold winters and hot summers. From the vegetation it is possible to draw conclusions about the climate in this transition zone.

   The western part of the study area is still completely under the influence of the south Caspian region. As one moves towards the east, precipitation values decline. East of Čaman-e Bīd, between Ǧouzak and Mehmānak, moist air masses which have moved past the Kūh-e Kūrḫūd massif accumulate, bringing high humidity and precipitation. This accounts for the *Quercus castaneifolia* forest islands near Ǧouzak and Mehmānak. In the pass region before Boǧnūrd there is another such accumulation with formation of *Crataegus* islands. Further east, annual precipitation in the valleys drops almost to 200 mm.

3. The *Cold-deciduous lowland forest* (Hyrcanian lowland forest) *(2.21)*, with its characteristic species *Parrotia persica, Pterocarya fraxinifolia, Zelkova carpinifolia, Alnus subcordata* and *Diospyros lotus*, extends as far as the upper course of the Rūd-e Mādarsū, where it grows at elevations up to 1000 m. The species *Gleditsia caspica* and *Albizia julibrissin*, which are very fond of warmth and moisture, disappear further to the west.

   The *Cold-deciduous montane forest* (Hyrcanian montane forest) *(2.22)* on the northern and southern slopes of the Kūh-e ʿAlūw Bāǧ is made up of three communities. From 1000 to 1500 m there is a dry variant with *Quercus castaneifolia, Carpinus betulus* and *C. orientalis*, and from 1500 to 1800 m there is a humid variant corresponding to a „mist forest". On the dry southern side the drought-resistant *Quercus macranthera* and the two *Carpinus* species dominate in a band between 1700 and 2000 m.

In the forest islands on northern slopes of mountains near Ġouzak, Kašānak and Mehmānak the dominant species, and the only one forming a forest, is *Quercus castaneifolia*. Only a few other tree species, such as *Fraxinus excelsior, Pyrus* spec., *Malus orientalis* and *Ulmus carpinifolia*, are represented here. The forest islands can be attributed to favourable climatic conditions (see 2.).

In the region of the peaks of the Kūh-e 'Alūw Bāġ and the Kūh-e Āq Mazār the timber line is a result of coldness. It is roughly 750 m lower than in the central Elburz. On the southern slope of the Kūh-e 'Alūw Bāġ and in regions further to the east with less precipitation, the timber line is caused by dryness.

Further east and at lower elevations where, particularly in the summer, there is less precipitation, the forest merges into *Cold-deciduous scrub (7.2)* and *Mixed cold-deciduous and evergreen scrub (7.1)*, and finally into *Evergreen needle-leaved woodland resistant to cold (Juniperus* woodland) *(3.32)*. The two scrub formations are transition formations. The prevailing deciduous scrub species are those of the Hyrcanian region; among the evergreen species *Juniperus excelsa* is dominant, while *J. communis* ssp. *communis* is rarer. The scrub formations also surround the forest islands east of Čaman-e Bīd. Here at higher elevations above the timber line *Mixed cold-deciduous and evergreen subalpine scrub (7.12)* appears in which *Juniperus communis* ssp. *communis* dominates.

The *Evergreen needle-leaved woodland resistant to cold (Juniperus* woodland) *(3.32)* covers large areas. The characteristic species is *Juniperus excelsa*, which is resistant to drought. Winter temperatures can be very low already in the *Juniperus* woodland area. Little summer rainfall and humidity are necessary for rejuvenation of the stands. Many scrub species penetrate into the *Juniperus* woodland at climatically favourable locations.

Crataegus pontica penetrates furthest eastward, ceasing about 20 km west of Šīrvān. Its distribution coincides exactly with the areas of non-irrigated arable land.

Where precipitation is no longer sufficient for forest or scrub growth *Xeromorphic dwarf-shrublands (9.4)* appear at low elevations, joined by thorncushions *(Xeromorphic dwarf-shrublands with thorn-cushions, 9.5)* at higher elevations (subalpine zone). *Open thorn-cushion formations (10.2)* are most frequent on crests and in the degraded *Juniperus* woodlands.

4. One section of the study is devoted to the geobotanical status of the forest and scrub flora of northwest Ḫorāsān. Most species belong to the basic Hyrcanian stock. A new province, the Caucasian-Euxine-Hyrcanian province of the Euro-Siberian floral region, is proposed.

5. The *Juniperus* woodlands and the *Pistacia amygdalus* plains of Iran, which ZOHARY (1973) groups together as Junipero-Pistacietea, should be distinguished from one another on the basis of ecological and floristic criteria.
6. Two vegetation maps and three vegetation profiles are appended to the study.

12. Literatur

ADLE, A. H., Régions climatiques et végétation en Iran, Publ. Univ. Téhéran 1960a, Téhéran.

ADLE, A. H., Climat de l'Iran, Publ. Univ. Téhéran 1960b, Téhéran.

AMDJADI, H., Climat général et types de forêts de l'Iran, Bull. Soc. Roy. For. Belgique 65, 1958, 121 – 137.

BIBLIOGRAPHY OF THE CASPIAN SEA, Iranian Documentation Center. Institute for Research and Planning in Science and Education, 5, 1975, 87 pp.

BOBEK, H., Die Landschaftsgestaltung des südkaspischen Küstentieflandes, Norbert Krebs-Festschrift 1936, pp. 1 – 24.

BOBEK, H., Die natürlichen Wälder und Gehölzfluren Irans, Bonner Geogr. Abh. 8, 1951, 1 – 62.

BOBEK, H., Beiträge zur klima-ökologischen Gliederung Irans, Erdkunde 6, 1952, 65 – 84.

BRAIG, P., Wald- und Gebüschverbreitung in Nordwest-Chorasan, 1976, Zulassungsarbeit Tübingen.

BUHSE, F., Reisebemerkungen aus dem östlichen Alburgebirge in Persien, Bull. mosk. Obshch. Ispyt. Prir. 34, 1861, 361 – 383.

BUHSE, F., Die Flora des Alburs und der Kaspischen Südküste, Arb. Nat.-forsch. Verein Riga N. F. 8, 1899, Riga.

BUNGE, A., Allgemeine Bemerkungen über die Flora von Chorasan, Arch. Wiss. Kunde Rußland 19, 1860, 600 – 604.

CARTE DE LA VÉGÉTATION DE LA RÉGION MÉDITERRANÉENNE, Recherches sur la zone aride, XXX, UNESCO-FAO, 1970, Paris.

DJAZIREI, M. H., Les formations forestières de l'Iran, La-Yaaran 11, 1961, VII-IX.

DJAZIREI, M. H., Contribution à l'étude de la forêt hyrcanienne, 1964, Dissertation Gembloux.

DOROSTKAR, H., Contribution à l'étude des forêts du district hyrcanien oriental (Chaîne du Gorgan), 2 vols., 1974, Gembloux.

EMBERGER, L./SABETI, H., Forêts denses intertropicales et forêts caspiennes humides, Naturalia monspel., sér. Bot. 14, 1963, 55 – 61.

FISHWICK, R. W., The Caspian Forests of Iran, Empire For. Rev. 51, 1972, 295 – 306.

FREY, W./KÜRSCHNER, H., Studies on the Bryophyte Flora and Vegetation of the Mohammad Reza Shah National Park, N. Iran, Iran. Journ. Bot. 1, 1977, 137 – 153.

FREY, W./KÜRSCHNER, H., Die epiphytische Moosvegetation im hyrkanischen Waldgebiet (Nordiran), Beih. Tübinger Atlas Vorderer Orient, Reihe A, 5, 1979, Wiesbaden.

FREY, W./MAYER, H. J., Botanische Literatur über den Iran, Bot. Jahrb. Syst. 91, 1971, 348 – 382.

FREY, W./PROBST, W., Vegetation und Klima des Zentralelburs und der südkaspischen Küstenebene (Nordiran). In: EHLERS, E. (Hrsg.), Beiträge zur Physischen Geographie Irans, Marburger Geogr. Schr. 62, 1974a, 93 – 116.

FREY, W./PROBST, W., Hängeformen von *Pseudoleskeella laxiramea* (SCHIFFN.) BROTH. und *Leucodon immersus* LINDB. im südkaspischen Waldgebiet (Iran). Ein Beitrag zur Morphologie und zu den Lebensbedingungen, Bot. Jahrb. Syst. *94*, 1974b, 267 – 282.

FREY, W./PROBST, W., Gliederung der Vegetation und ihre Darstellung im Tübinger Atlas des Vorderen Orients (TAVO) und in den Beiheften zum Atlas, Beih. Tübinger Atlas Vorderer Orient, Reihe A, *1*, 1977, Wiesbaden.

FREY, W./PROBST, W., Vegetation und Flora des Zentralen Hindūkuš (Afghanistan), Beih. Tübinger Atlas Vorderer Orient, Reihe A, *3*, 1978, Wiesbaden.

FREY, W./PROBST, W., Flora and Vegetation of Iran, Encyclopaedia Persica, New York (in press).

GAUBA, E., Noms vernaculaires et scientifiques des essences forestières de la Caspienne, Rev. Agricole de l'Iran, 1938.

HEJAZI, R./SABETI, H., Guide to the Natural Vegetation of Elburs (Karaj-Tchalus Profile), Bull. Coll. Agricult. Univ. Téhéran *26*, 1961, 43 pp.

MAP OF IRAN, Series K 502, Sheets NJ 40-10, NJ 40-11.

MELCHIOR, H., Zur Pflanzengeographie des Elburs=Gebirges in Nord-Iran, Sitz.-ber. Ges. Naturforsch. Freunde Berlin 1937, 55 – 71.

METEOROLOGICAL YEARBOOK, Ministry of Roads/Ministry of War, 1956 – 1970, Teheran.

MOBAYEN, S./TREGUBOV, V., Carte de la végétation naturelle de l'Iran 1 : 2 500 000. Guide pour la carte, Univ. Téhéran, UNDP/FAO no. IRA *7*, 1970, Téhéran.

MORANDINI, R., Aspetti forestali del Caspio Meridionale, Ann. Acad. ital. Sci. for. *6*, 1957, 131 – 149.

MOSSADEGH, A., Aperçu general sur les forêts de la Caspienne en Iran, Bull. Soc. forest. Franche compte et des Provinces de l'Est *36*, 1972, 90 – 100.

MOSSADEGH, A., Contribution à l'étude des forêts de *Juniperus excelsa* M. BIEB. *(Juniperus polycarpos* C. KOCH) sur le versant sud de l'Elbourz (Iran), Bull. Mus. Hist. nat. Marseille *33*, 1973, 95 – 98.

NEDAYLKOV, S., Forest Vegetation of the Caspian Region in Iran and Regularities in its Distribution (bulgarisch), Gorskostopanska Nauka (Forest Science) *11*, 1974, 50 – 66, Sofia.

NOIRFALISE, A./DJAZIREI, M. H., Contribution à la phytogéographie de la forêt caspienne, Bull. Soc. bot. belg. *98*, 1965, 197 – 214.

NOREN, St., Skog i Iran, Sver. Skogsvardsforb Tidsskr. *68*, 1970, 125 – 134.

PROBST, W., Vegetationsprofile des Elbursgebirges (Nordiran), Bot. Jahrb. Syst. *91*, 1972, 496 – 520.

PROBST, W., Beobachtungen zum Standortklima in verschiedenen Vegetationszonen des Elbursgebirges (Nordiran), Bot. Jahrb. Syst. *94*, 1974, 65 – 95.

RECHINGER, K. H., Grundzüge der Pflanzenverbreitung im Iran, Verh. zool.-bot. Ges. Wien *92*, 1951, 181 – 188.

ROL, R., Etudes écologiques et systematiques sur la flore ligneuses de la région Caspienne, FAO Report No. 520, 1956, Roma.

ROL, R., La végétation du nord de l'Elbourz (Iran), Compt. rend. Somm. Séance Soc. Biogéogr. *33*, 1957, 19 – 23.

SABETI, H., Les études bioclimatiques de l'Iran, Bull. Univ. Téhéran No. *1231*, 1969, Téhéran.

SABETI, H., Forests, Trees and Shrubs of Iran, 2. ed., 1976, Teheran.

SCHWEIZER, G., Der Naturraum. In: GEHRKE, U./MEHNER, H., Iran, 1975, pp. 13 – 39, Tübingen.

TREGUBOV, V., Die Umwandlung der Wälder der Berg- und Hügelstufen am Kaspischen Meer in Iran durch waldbauliche Behandlung, XIV INFRO-Kongreß, Sektion 23, 1967, 559–579, München.

UOTILA, P., Mohammad Reza Shah Wildlife Park-Iranin tuleva Kansallispuisto, Suomen Luonto 1974, 124–127.

WALTER, H., Die Vegetation der Erde, *1*, 3. ed., 1973, Stuttgart.

ZOHARY, M., On the Geobotanical Structure of Iran, Bull. Res. Council Israel, Sect. D Botany, Suppl. to Vol. *11*, D, 1963.

ZOHARY, M., Geobotanical Foundations of the Middle East, 2 vols., 1973, Stuttgart, Amsterdam.

Foto 2: *Kältekahler montaner Wald (2.22b)*, „Nebelwaldstufe", am N-Hang des Kūh-e 'Alūw Bāġ mit *Dryopteris caucasica* (1600 m)

Foto 1: *Kältekahler Tieflandswald* (Hyrkanischer Tieflandswald) *(2.21)* mit Rodungsinsel, 5 km SE Tangar, Höhe etwa 700 m

Foto 3: *Kältekahler montaner Wald (2.22c).* Waldgrenze am S-Hang des Kūh-e ʻAlūw Bāġ *(Carpinus betulus, C. orientalis, Quercus macranthera)*

Foto 4: *Kältekahler montaner Wald (2.22).* Waldinseln S von Ġouzak (1700 m)

Foto 5: Zerstörte Waldinsel an den Berghängen S von Kašānak (1300 m)

Foto 6: *Kältekahler montaner offener Laubwald (4.22)* und *Kältekahles Gebüsch des Tieflandes und der montanen Stufe (7.21)* E von Tang-e Ġol

Foto 7: *Kältekahl-immergrünes Gebüsch des Tieflandes und der montanen Stufe (7.11)* S von Ǧouzak (1400 m). Blick nach NW in Richtung Zard

Foto 8: *Kälteharter immergrüner offener Nadelwald (Juniperus-*Offenwald*) (3.32)* im Kūh-e Kūrḥūd

Foto 9: Kūh-e Kūrḫūd mit Wolkenkappe. An den Berghängen *Juniperus*-Offenwald, im Vordergrund *Xeromorphe offene Zwerggesträuche (9.4)*

Foto 10: *Crataegus pontica*-Bestände im Regenfeldbaugebiet W von Boğnūrd (1200 m)

Foto 11: *Crataegus pontica*-Bestände zwischen Boğnūrd und Šīrvān (1500 m). Ihre Untergrenze stimmt mit der Untergrenze des Regenfeldbaus überein

Foto 12: *Xeromorphe offene Zwerggesträuche (9.4)* S von Čaman-e Bīd (1300 m)

Foto 13: *Offene Dornpolsterformationen (10.2)* im Rešte-ye Allāh Dāġ S von Ġouzak (1900 m)

Foto 14: Degradierter *Juniperus*-Offenwald mit eingewanderten Dornpolstern S von Rebāṭ-e Qarehbīl (1700 m). Im Hintergrund der Kūh-e Kūrḫūd

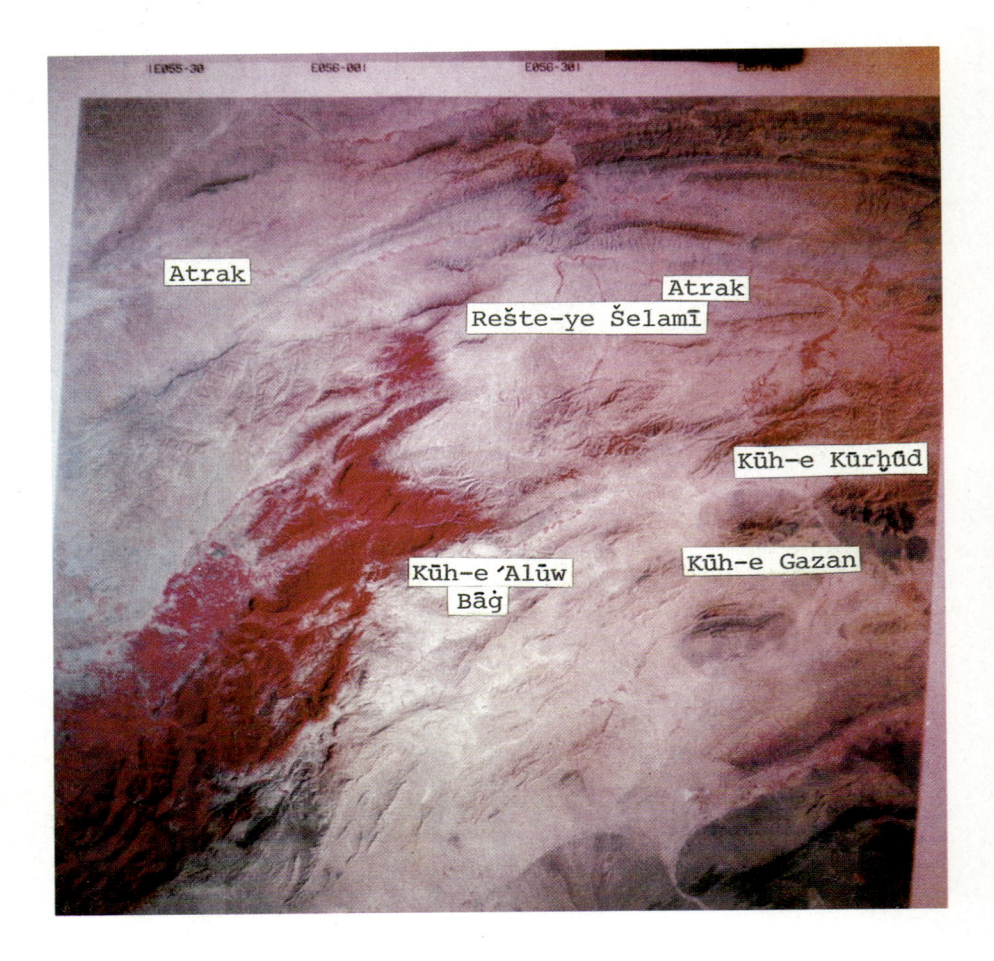

Foto 15: Satellitenaufnahme von E-Māzandarān und NW-Ḫorāsān. Deutlich ist das Auslaufen des hyrkanischen Waldes nach NE zum Rešte-ye Šelamī und Rešte-ye Ḥāǧī Dāġ zu erkennen. Nach Osten treten die Waldbestände des Kūh-e Kūrḫūd, die *Quercus castaneifolia*-Waldinseln und die Gebüsche des Rešte-ye Yaman Dāġ und des Rešte-ye Allāh Dāġ hervor.

Die Aufnahme wurde freundlicherweise von Herrn Hütteroth, Erlangen, zur Verfügung gestellt.